中央文明办中国文明网　编

好人365故事 青少版 第一季

孝老爱亲

河北出版传媒集团
河北少年儿童出版社

图书在版编目（CIP）数据

孝老爱亲 / 中央文明办中国文明网编. -- 石家庄 ：河北少年儿童出版社，2016.2
（好人365故事 ： 青少版）
ISBN 978-7-5376-8391-3

Ⅰ. ①孝… Ⅱ. ①中… Ⅲ. ①精神文明建设－人物－先进事迹－中国 Ⅳ. ①D648

中国版本图书馆CIP数据核字(2016)第030279号

好人365故事·青少版
孝老爱亲
XIAOLAO AIQIN
中央文明办中国文明网　编

选题策划　温廷华　董素山
责任编辑　董素山　高　瞻　李红艳
美术编辑　吴立刚　曹天培
装帧设计　韩庆熙

出　　版　河北出版传媒集团　河北少年儿童出版社
（石家庄市中华南大街172号　邮政编码　050051）
发　　行　全国新华书店
印　　刷　保定华升印刷有限公司
开　　本　787×1092　1/16
印　　张　12.75
版　　次　2016年3月第1版
印　　次　2016年3月第1次印刷
书　　号　ISBN 978-7-5376-8391-3
定　　价　35.00元

编辑委员会

刘宝莅　山东省委宣传部副部长、省文明办主任

王　耀　河南省委宣传部常务副部长、省文明办主任

胡和平　湖北省文明办主任

刘进能　湖南省委宣传部副部长、省文明办主任

顾作义　广东省委宣传部副部长、省文明办主任

杨征文　广西壮族自治区文明办主任

张学泮　海南省文明办主任

樊　伟　重庆市委宣传部副部长、市文明办主任

赵明仁　四川省委宣传部副部长

朱文东　贵州省文明办专职副主任

鲁永明　云南省委宣传部副部长、省文明办主任

陈　友　西藏自治区党委宣传部副部长、文明办主任

龚晓燕　陕西省委宣传部副部长、省文明办主任

高志凌　甘肃省委宣传部副部长、省文明办主任

祝　贺　青海省文明办专职副主任

毛　录　宁夏回族自治区党委宣传部副部长、文明办主任

杨胜江　新疆维吾尔自治区文明办主任

杨武军　新疆生产建设兵团党委宣传部副部长、文明办主任

董　青　中央文明办中国文明网总编辑

孝行天下　爱满神州

薛贤荣

“孝老爱亲”是中华民族的传统美德，是千百年来中国社会维系家庭关系、社会关系的道德准则，是人类最内在的爱和最自然的情感。

孝文化之所以代代相传，且深入人心，说明它符合中华民族的价值取向。“哀哀父母，生我劬劳”（《诗经》），父母辛辛苦苦把我们养大，我们知恩、感恩、报恩，应该是天经地义的事。

人生在世，道德为先。而“孝”，就是一切道德教化的切入口和出发点。一个人，从小孝敬父母、热爱家庭，长大后就会将爱心扩散开来，进而关爱他人、热爱人民。而他本人，也将会得到家庭、社会的同等回报。

孝敬父母的人，会常怀一颗感恩的心，也会用这颗心去回馈社会。人人如此，我们的社会就会变得无比美好。

孝敬父母的人，会遵循道德规范，不去做违法乱纪的事。人人如此，我们的社会文明程度，将大幅提升。

孝敬父母的人，会爱护父母给予我们的身体，不冲动、不冒险、不颓废、不自残，乐观地对待人生中的一切艰难困苦，不让父母为我们担心。

孝敬父母的人，会从小立志学好本领，长大后为父母争光、为家庭争光、为祖国争光。“孝”是中国传统道德文化的起点，其最高境界，其实就是“天下兴亡，匹夫有责”，就是“天下为公”，就是“我为人人，人人为我”。所谓“百善孝为先”，讲的就是这个道理。

“老吾老，以及人之老；幼吾幼，以及人之幼。”孝，不只是针对血缘关系而言的，推而广之，是对所有老人的关怀；爱，也不仅仅只在亲情之间传递，而是对所有人的关心呵护。本书中的许多故事，如《孝敬“保姆”亲如妈》《三代人接力养弃婴》《“空巢老人”的贴心人》等等，都超越了血缘亲情而走向人间大爱。真可谓孝行天下、爱满神州！

本书就像一面镜子，通过它，我们照出了社会正能量，也可以用这面镜子照一照自己的灵魂。今天的中国，正向社会主义现代化和文明法治的强国大步迈进。传统文化中的道德力量，正在为时代发展提供强大的精神动力。

诗云：

大中华，礼仪邦，美道德，源流长。
老吾老，幼吾幼，青少年，切勿忘。
好传统，要继承，如瓜瓞，绵延长。
推而广，成风尚，家和谐，国运昌。

（作者为儿童文学作家）

目录

MULU

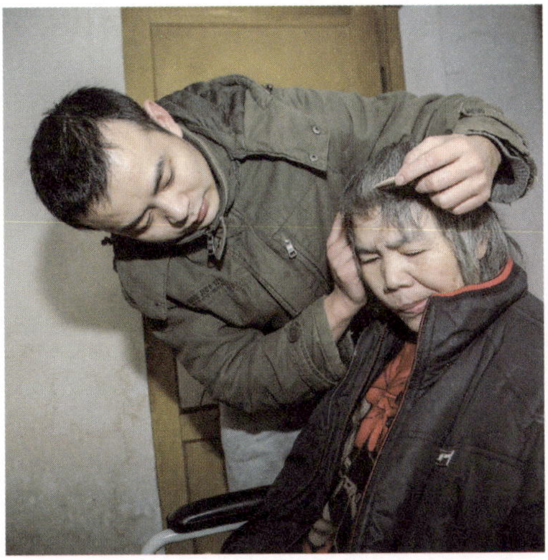

你养我长大　我陪你变老

孝子之至，莫大乎尊亲；尊亲之至，莫大乎以天下养。

——孟　子

已经30岁的陆鹏，曾有令人羡慕的工作，也有温柔体贴的女友愿意与他共结连理，然而母亲生病需要照顾，他选择了放弃工作、搁置婚期，靠侍候母亲之余卖菜和打零工维持生活。

2014年5月26日是陆鹏30岁的生日，他最大的梦想，不是事业平步青云，也不是组建甜蜜的小家庭，而是希望瘫痪的母亲能重新站起来……

2013年10月14日中午，陆鹏和往常一样，准备利用休息的时间回家看看。

“妈，我回来了！”屋里却没人答应。

陆鹏感觉不对，赶紧进屋，只见妈妈躺在地上，面色煞白，嘴唇歪咧，头发竖立，陆鹏立即拨打了“120”……

陆鹏只有一个信念：全力抢救，一定要救回妈妈。经过抢救，母亲的性命挽救回来了，但因患脑血栓，从此瘫痪在床。

从小，因为父母离异，陆鹏一直和妈妈相依为命。“小时候，妈妈为了挣钱养家，当过保洁员、服务员，开过电梯，还帮别人做过饭……”在陆鹏眼里，妈妈是个能干的女人。

陆鹏也很争气，学习、生活从不让妈妈操心。大学期间陆鹏就开始兼职打工，卖过衣服，当过服务员，毕业后考进央企工作。凭借努力，陆鹏半年就当上了生产线的小组长，还获得了“优秀员工”称号，两年后又升为区域长，分管4个小组。除了每个月5000元左右的工资收入，陆鹏还会利用空余时间修车、修空调，靠手艺挣点儿外快。

面对一片光明的前景，母亲突如其来的病，是对陆鹏的一次严峻的考验。

“虽然我们平时的话不多，但却是对方的精神支柱。”陆鹏不知道用什么样的语言形容和母亲之间的感情，但他把对母亲的那份感恩、那份爱一直深藏在心里。

母亲在重症监护室住的一个星期，陆鹏几乎花光了所有积蓄，包括准备结婚用的7万元。

陆鹏和女朋友恋爱已经7年了，原本打算结婚。可是，“妈妈得病，积蓄用光了，我无法给她安定的未来，只能推迟婚约……”

在医院住了一个星期，母亲的病情相对稳定了，陆鹏给母亲办理了出院手续。

回到家后，陆鹏也曾试图请人来照顾母亲，他甚至开出了5500元一个月的工资，但没有人愿意接。除了要给患病的母亲做饭、洗衣服，几乎还要寸步不离地照顾。“人家到了家里一看，就不愿意了。”

陆鹏只好自己来。他向公司请了半个月的假，给妈妈做早、中、晚三顿饭，定时给她喂药，给她端屎倒尿，扶她起床锻炼。因为长时间卧床，妈妈得了褥疮。天气逐渐转暖后，每隔一天他就要给妈妈洗一次澡……

陆鹏始终没能找到照顾母亲的人，只能向公司提出辞职。没有了经济来源，坐吃山空是不行的，他买了一辆二手的三轮车，当起了菜贩子。

早上3点多起床，到盘溪市场进货。“一般一次要进400~500斤水果蔬菜。”早上5点多给妈妈做早饭，喂她吃完后，便到楼下摆一个多小时的摊，9点回来休息一会儿，11点又出去摆摊，12点半回来给妈妈做午饭，中午短暂地休息一下，下午4点多再出去，晚上6点多回来做晚饭……这些日子陆鹏是最辛苦的，一个月瘦了20斤。

“陆鹏，生日快乐，希望你的母亲早日康复！”5月26日，观音桥街道阳和社区的五名工作人员拎着蛋糕，来到陆鹏家为他庆贺30岁生日。

陆鹏闭上眼睛，默默许下心愿：“希望妈妈能重新站起来！”然后吹灭了蜡烛。

社区书记朱华静说，虽然很困难，陆鹏却从未向他们求助过。得知陆鹏的情况后，社区向观音桥街道办事处写了一份情况说明，为陆鹏的妈妈申请了2000元的援助基金，还把陆鹏作为孝老爱亲的典型

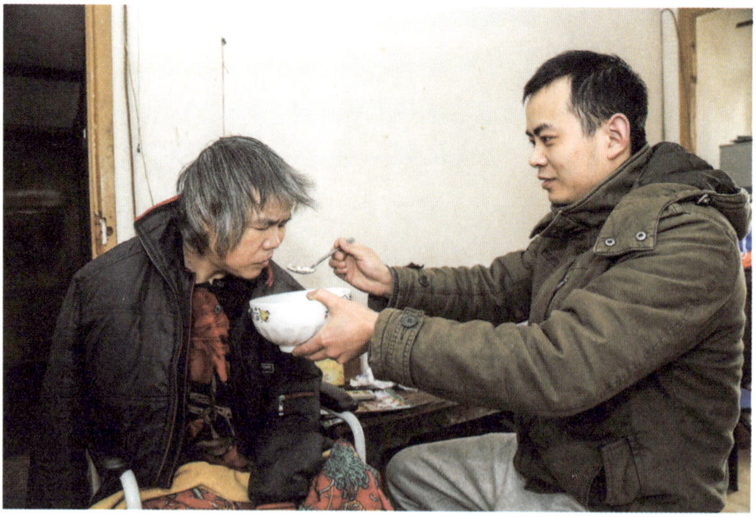

进行宣传。

陆鹏生日当天，一家企业从网上得知陆鹏的事迹后，也找上门来想给陆鹏安排工作，但被陆鹏婉言谢绝。陆鹏表示，自己会利用每天晚上9点到第二天早上7点妈妈休息的这段时间打零工。

对于自己付出的努力，陆鹏觉得很欣慰："虽然母亲的病情并没有太大起色，但她的精神状态好了很多。"

因为女朋友还要照顾哥哥的孩子，她每周会抽时间来看看陆鹏的妈妈，给他们做做饭，洗洗衣服。陆鹏说，以前和女朋友在一起的时间多，经常吵嘴，现在在一起的时间少了，感情反而更好了。他希望等母亲病情再好一些，经济基础再好一些，再谈结婚的事。

"以前妈妈为了挣钱养家，长期在外打工，我自己一个人在家，经常饿肚子。"回想起小时候的生活，陆鹏的脸上泛起淡淡的微笑。那时候，懂事的他8岁就学会了做饭，学会了照顾自己。"那么难的生活都过来了，现在遇到的都不算什么。"他相信，凭借自己的努力，妈妈会好起来，日子也一定会好起来。

好人365 编辑感言

你还在外忙着打拼，还在用"没时间"作为不回家的借口吗？与父母的相守，并不太难，一个电话就能让父母感觉温暖，回家看看就能让他们感到幸福。看看陆鹏的故事，买上回家的车票，趁着温暖

的阳光还没有落下，在回家的那个路口，和翘首企盼的父亲母亲相遇吧！（刘星星）

好人365 网友点赞

福建网友：小时候，妈妈是他的依靠；如今，他要做妈妈的保护伞。

浙江网友：我们总是有太多借口，其实对亲人的陪伴是最基本的孝。陆鹏，好样儿的！

英雄之妻亦英雄

在人生中，妻子是青年时代的情人，中年时代的伴侣，暮年时代的守护。

——［英］培根

1965年的海战中，英雄战士麦贤得的事迹为全国人民所知晓。43年前，23岁的李玉枝和29岁的麦贤得喜结良缘。43年来，她用真挚无私的爱、深沉细腻的情、博大的胸怀和坚强的毅力，创造了医疗护理史上的奇迹，不仅让丈夫摆脱了病魔，更让丈夫走向健康正常人的行列。

在1965年“八六”海战中，脑部严重受伤的麦贤得虽然脱离了生命危险，但由于脑浆流失过多，语言表达能力和记忆力几乎全部丧失。同时，右边肢体萎缩，并留下严重的外伤性癫痫，时常发作。在最好的状态下，智力接近十五六岁的正常人。医学专家们反复研究认为，如果有一位心地善良而又具有责任心的姑娘能作为他的终身伴侣，温馨的家庭生活、细致周到的护理，会有助于他的康复。

就这样，组织上为麦贤得向当时正在公社担任妇联干部的李玉枝抛出了爱的绣球。麦贤得是李玉枝心目中崇拜的英雄，但要自己成为英雄的妻子，终身陪伴一名残疾的丈夫，李玉枝觉得太突然。身边的亲戚朋友反对声四起，有亲朋好友劝她：“嫁给英雄，名声好听可不当饭吃，受苦受罪是自己的事。”但李玉枝心生怜爱：“他为保卫国家献出青春热血，他也应该有正常人所应有的一切。”

两次见面，数次通信和慎重考虑后，1972年，两人喜结连理。“我要给他一个正常人的生活。”从此，这个信念成为李玉枝陪伴麦贤得走过43载岁月的精神支柱。

“他的大部分记忆随着战斗的结束消失了，结婚时他是一级残疾人，脑伤的癫痫后遗症十天半个月发作一次，言语不清，右手右脚活动不灵……”李玉枝介绍。

夫妻相伴不是一朝一夕。李玉枝觉得只有掌握丈夫发病的规律，才能真正照顾好他。为了更好地护理麦贤得，李玉枝四处拜医求教，买回多种医学护理书籍，自学各种药理和护理知识，每天记录老麦的情绪和身体变化情况，连大小便的状况也都仔细观察。时间长了，她闻到丈夫口中有异味，便知道他上火了，要煲汤煮凉茶，多加蔬菜和水果；看到他情绪烦躁，便知道他头部不适，要尽量分散他的注意力。麦贤得每天要服用六七种药，最多时达十多种，每天吃三次，李玉枝总是细心地分好药片，准备好温水，端到丈夫面前，看着丈夫服下才能安心。长期服药使麦贤得感到厌烦，情绪不好时就不肯再吃药。每当这时，李玉枝总是像哄孩子似的劝说麦贤得，吃了药身体才会好，才能上舰保卫祖国。麦贤得听到自己能重返热爱的岗位，能为党和人民服务，才肯把药吃下去。

为了减轻长期服用大剂量药物对麦贤得身体机能的影响，李玉枝省吃俭用，把每月30多元的工资全部用来为丈夫买营养品，补充营养。单靠营养品来给老麦调理身体肯定是远远不够的，李玉枝知道食疗才是最好的、没有副作用的调理方法。但是一个月几十块钱的工资，根本不允许她给老麦提供精心的食疗。于是，李玉枝利用下班后的空闲时间，在屋前屋后开垦出几块荒地，自己种菜、养鸡、养鸽、养兔，保证老麦每天能吃上新鲜的鸡蛋和蔬菜，她用自己养的家禽煲汤给老麦喝，变换花样为老麦提供每天日常所需的营养。

护理病人，尤其是像麦贤得这种不能控制自己情绪的病人，身体护理只是其中的一方面，精神和情绪上的护理才是至关重要的。为此，李玉枝为老麦买来笔墨纸砚，让老麦临摹，练字、作画；在家里养了很多花卉和金鱼，让老麦照顾和打理，使老麦精神上有所寄托。

从那以后，养花和画画儿成了麦贤得的兴趣爱好。

李玉枝为麦贤得生了一双儿女——麦海斌和麦海珊。儿女在很小的时候，对父亲麦贤得一度产生不解甚至误会，但李玉枝凭借坚强的毅力和高超的智慧，为麦贤得和子女之间架起了一座理解和沟通的桥梁，使得儿女深深地理解了父亲，并对父亲充满了崇高的敬意，四口之家变得越来越和谐。

为此，她经常向儿女们讲述麦贤得的英雄事迹，同时努力以更多的母爱去温暖儿女的心。而在麦贤得身体、情绪状态好的时候，李玉枝常常耐心地跟老麦讲道理，让他学会控制情绪，调整待人处事的方法，教他对儿女说话时如何表达得亲切些，还买来一些儿女需要的生活、学习用品以丈夫的名义送给他们，使儿女感受到父亲的关爱，感受到家庭亲情的温暖。儿女与父亲之间的感情，就在这种特殊的家教形式中不断地融洽起来，儿女们不但逐步理解、敬重父亲了，而且还慢慢地成为母亲照料父亲、照料家庭的好帮手。

麦贤得身为一名海军，又从小生活在海边，对大海有着一种难以言说的深厚感情。麦贤得、李玉枝夫妇从子女出生之日起，就希望他们日后能到大风大浪中去锻炼，因此他们为两个孩子起的名字中都与“海”字结缘。他们认为，只有让孩子们到艰苦的环境中去磨炼，才有可能成为国家和社会的有用之材。李玉枝经常教育子女要不怕吃苦，要懂得感恩，是党和人民给了父亲第二次生命，没有党就没有父亲，也就没有我们这个家，有国才有家。为此，麦贤得、李玉枝夫妇把一双儿女都送到海军部队这个大熔炉里去锻炼，并告诫子女要跟上时代步伐，用现代科学文化知识武装自己，适应时代需要。儿女没

有辜负父母的期望，海斌和海珊都特别能吃苦，也特别懂事。海斌毕业后，主动要求到最艰苦的舰艇上去工作，并在一次参加湛江抗击强台风的战斗中，荣立三等功。海珊也在南京某军医学校学习护理专业知识。由于从小受到母亲一心为他人着想、一生为他人操劳的精神感染，海斌和海珊很会关心体贴人，也很孝顺。为了纪念麦贤得重生，李玉枝把每年的8月6日定为丈夫的生日。每当老麦生日时，就算孩子们不能亲自回家，也总能收到孩子们祝福的话语和从部队寄来的礼物，夫妇俩很是欣慰。

如今，他们的一双儿女也都从部队转业到地方工作，在平凡的工作岗位上，他们兢兢业业、踏实认真，得到了领导和同志们的肯定。同时，儿子和女儿也都先后成了家，他们有了可爱的孙子和外孙女。一个大家庭经常聚在一起，谈谈工作、叙叙家常，其乐融融。

43年来，在李玉枝精心细致的照顾、护理下，麦贤得的身体状况越来越好。从刚开始语言能力丧失的咿咿呀呀到现在能说上一些简单的成句，从刚开始两三天甚至一天发两三次癫痫病到现在好几年都不发作一次，正如为麦贤得做开颅手术的主治医生刘明铎教授所说的，李玉枝创造了世界医学护理史上的奇迹。李玉枝为此付出了常人难以想象的艰辛。但是，看到老麦的身体渐渐康复，并且拥有了一个正常人的生活，李玉枝觉得总算没有辜负自己当初对组织的承诺，她感到很满足。

近年来，李玉枝多次被省、市评为“军人模范妻子”“英雄妻子”，每次夫妻俩都毫不犹豫地把奖金捐给希望工程，还先后向汕头市残联协会、甘肃省的贫困地区献爱心。

丈夫麦贤得，用他的鲜血染红了战旗，受到了人民的崇敬与爱戴；妻子李玉枝，用她辛勤的汗水，给英雄一个幸福温暖的家。

好人365 编辑感言

“我要给他一个正常人的生活。”一句承诺，李玉枝克服常人难以想象的艰辛，用爱与细心，照顾着丈夫的身心，使他从一名一级伤残病人，逐渐恢复得如常人一般。英雄的每一丁点儿康复，不仅有妻子李玉枝的心酸、泪水，更有令人感动的幸福。作为一名妻子，李玉枝用爱创造了生命奇迹的同时，也在用爱感动着身边的每一个人，用爱谱写了一曲感天动地的乐章。她用43年的行动诠释着“爱是恒久陪伴，爱是不离不弃”。（刘鲲鹏）

好人365 网友点赞

浙江网友：李玉枝用爱创造了丈夫的生命奇迹，这么情深义重的好妻子实在令人敬佩！

广东网友：有情有义创奇迹，英雄的妻子亦英雄！

孝敬『保姆』亲如妈

父母之所爱亦爱之，父母之所敬亦敬之。

——孔　子

来自农村的赵湘南49岁时，走进了一对军人夫妇家当保姆，帮助他们带大了五个儿女。79岁时她孤苦无依，这对军人夫妇执意把她接回家精心服侍。如今，军人夫妇已相继离世，但他们的孩子对老人依然不离不弃，当作自己家的长辈来赡养。

赵湘南生于1907年，丈夫早逝，没有儿女。1956年，空军军官万基和妻子从杭州调到开原工作，那时家里三个孩子无人照顾，经人介绍请了从安徽农村来务工的赵湘南到家中做保姆。

赵湘南丧偶又无子女，自从进到这个家，就勤勤恳恳地照顾这一大家子人，每天洗衣做饭，照顾孩子。她视万家的孩子如已出，像母亲般地疼爱着他们，除了照顾孩子的生活起居，还给他们讲故事，陪他们做游戏。在赵湘南无微不至的照顾下，孩子们一天天健康快乐地成长着。

万家人回忆，赵湘南刚进家门时，叫万家的孩子"大小姐""二小姐"，也不肯上桌一同吃饭。万基说："你直接叫她们的名字就好。你也不是我们的仆人，你是我们的同志，是我们的大姐。"

今年52岁的万春春是家里最小的孩子。她说，赵湘南到她家后，像妈妈一样，他们都叫她"姨妈"。心灵手巧、腿脚勤快的赵湘南也对万家的每一个人全心全意地付出，操持着大小家务。直到现在，万春春还清楚地记得品尝姨妈自制饼干时的满口余香。"由于父母工作十分繁忙，一日三餐、洗衣缝补等都由姨妈操持。那时候保姆没有工资等待遇，就是包吃包住，偶尔给姨妈10块20块零用钱。"万春春说。直到1966年，囿于形势万家不能再雇用保姆，赵湘南才离开了朝夕相处了十余年的万家老小。当时，赵湘南眼里流露出的是不舍和无奈。

1986年，赵湘南已经79岁高龄。一个偶然的机会，已经从沈阳军区空军某部正师职岗位上离休的万基，得知年近八旬的赵湘南老人孤苦无依地独自生活时，便与家人商量将赵湘南请回家，名为保姆，实为照顾她的晚年生活。万基及其妻子与赵湘南以姐弟、姐妹相称，孩子们都叫她“姨妈”。

万春春回忆说，母亲一听说“大姐”没有再干保姆的活儿，孤单一人无人照料，心中就难过了。父母亲决定把赵湘南接回来。姨妈回家后，母亲和她像亲姐妹一样。

平时，万家人与赵湘南不分主仆，平等相处，他们同住一套房子，在同一张桌上吃饭。据万基女儿万春春回忆：“三位老人在一起，从没有红脸的时候。”通常，每天晚饭后，父母和姨妈一起坐在客厅的沙发上看电视。由于姨妈文化水平不高，对一些国内外的事弄不太明白，父亲就一边看，一边耐心地给她讲解。其情其景，可谓其乐融融。

1987年，万春春与乔大庆经人介绍相识。乔大庆至今还清楚地记得，他与万春春第一次见面时，岳父特意将姨妈请出来帮着把关。结果，姨妈的一个“中”字，岳父岳母就把他与万春春的这门亲事定了下来。 万春春记得，2001年，83岁的父亲临走前嘱咐：“姨妈对你们有恩，要照顾好她。饭菜多加些水，做软些。”2009年，母亲临走前也交代：“你们姨妈为家里操劳了一辈子，要好好对待她，给她养老送终。”对此，万春春和丈夫乔大庆一直铭记在心。

20世纪90年代初期，万春春和丈夫先后下岗，开起了出租车。

万春春开白班，乔大庆开夜班。尽管很辛苦，但他们对赵湘南始终不离不弃，平时连老人的头发都由乔大庆给理。

1998年初冬的一天，91岁高龄的赵湘南突发心脏病，万春春和丈夫立即将老人送到辽宁中医院抢救。当时，正在住院的万春春的母亲得知后，几次打电话询问赵湘南的病情，甚至担心她回不来了。所幸的是，经过两天一夜的抢救，老人又活了过来。此次就医花费的近2000元钱，全部由万春春承担。

2009年，万春春的母亲去世了，赵湘南不停地抹眼泪。此时，乔大庆看出了老人的心思：一是为老姐妹的离世伤心，二是担心自己日后的生活。“姨妈，您放心，只要您不嫌弃，这里一直都是您的家。”尽管此时的赵湘南已经渐渐老去，无法再帮着料理家务，但万春春与乔大庆仍然毫不犹豫地将老人继续留在身边悉心照料。

生活中，他们视赵湘南如亲人，一日三餐为她做可口的饭菜，知道老人爱吃面食，他们变着花样给做。每天为老人擦身子、梳头，陪她在院子里散步。有一次，赵湘南闹肚子，不小心把裤子弄脏了，万春春抢过来洗，一生要强的赵湘南羞得不得了。万春春就劝：“姨妈呀，这算什么，我们小时候，您不也是这样给我们洗吗？”如今，赵湘南已经是风烛残年，身体每况愈下。而万春春因长年驾驶出租车患上了腰脱、高血压等多种疾病。为了方便照顾姨妈，两年前，万春春专门请了钟点工，负责周一到周五的老人日间照料工作。

2014年3月的一天，赵湘南走路时腿脚突然不听使唤，万春春见状立即通知丈夫开车将她送到附近医院。见老人年事已高，几家医院都拒收老人住院治疗。最后，乔大庆找哥哥帮忙，辗转将老人送到了沈阳二四二医院。半个月时间，一家三口三班倒，24小时不断人，花费医疗费1万多元。出院回家时，老人看着院子里的一切，喃喃地说："我还以为这次住院，就回不来了呢！"出院后，老人就开始卧床不起。有一次，为了给老人翻身，万春春不小心扭伤了腰，为此住院治疗半个月。即使这样，她白天打完点滴，晚上依旧回家照顾老人。一个小时一翻身，两个小时一拍背，三四天一箱尿不湿……在万春春及家人的照顾下，卧床近半年的赵湘南不但房间里闻不到一点儿异味，而且浑身上下没生过一次褥疮。

如今，万家五个子女，四个都已移居外地，只有老五万春春一家在沈阳照顾赵湘南。每天，万春春为姨妈擦身子，清理尿不湿和清洗老人沾上屎尿的裤子。怕老人寂寞，万春春就讲笑话给她听，也聊聊国家大事。陪老人在院里散步时，邻居总是感叹，亲生儿女也不一定能这样。老人逢人就说自己的命好，遇到了好人家。

时光荏苒。当年，赵湘南回到万家后才出生的万家第三代人，如今也已经长大成人。经过这些年的朝夕相处，赵湘南老人已经和万家融为一家人，成为万家的一分子。俗话说，榜样的力量是无穷的。当年，万基夫妇打下的善待老人的底子，如今依然在万家传承着。不论什么时候，万家在外地生活的晚辈人，只要打电话首先要问的是姨姥的身体怎么样；只要有人从外地回来，都要给姨姥带一份礼物。虽然跟姨姥一起生活的时间并不长，但是在父母的影响下，姨姥早已经是家的符号、家的一部分。

万春春还记得，在老人百岁大寿之日，一家人特意在饭店里为老人庆寿。赵湘南说："我的命好，自己没有儿女，却能享天伦之乐。"前年，赵湘南过106岁生日，乔琳琳和乔万思两个晚辈，特意给姨姥定了生日蛋糕。"家有一老，如有一宝，姨姥，您就是咱家里的宝啊！"生日宴上，"外孙女"快乐地对老人说。如今，赵湘南不仅是万家的宝，还是皇姑区的一宝。区民政局的工作人员每月都会来家中探望，关注她的健康和生活，帮助解决各种实际问题。如果你问赵湘南，万家对你好不好啊？老人会激动地反问你："对我不好，我能活到现在吗？甭管谁，一个不好的脸子都没给过我！"

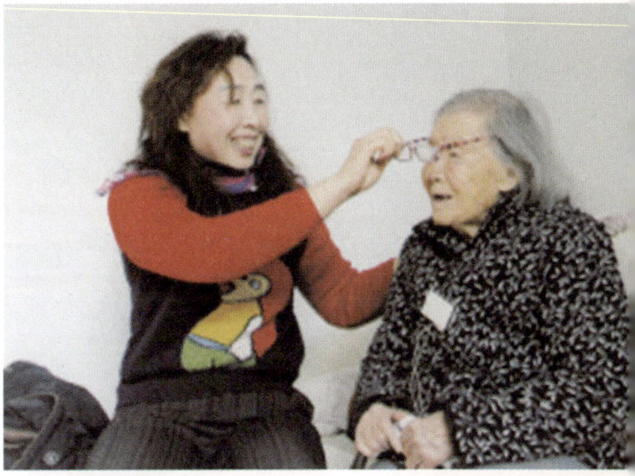

逝去的是时光，留下的是记忆。"小五"（万春春的小名）、"大庆""思思"……这是如今病卧在床的赵湘南老人时常呼唤的名字。这些照顾她、陪伴她的万家儿女，成了她人生最后时光的精神支柱！

编辑感言

俗话说："羊有跪乳之恩，鸦有反哺之义。"万春春一家三代接力反哺百岁保姆，是因为他们一家人始终怀有一颗感恩的心。生活中孝顺的例子很多，但是不赡养自己亲生父母的人也不少，万春春一家三代面对和自己没有任何血缘关系的保姆，却付出了不是亲人胜似亲人的关爱。道德的温度融化冷漠，这个跨越半个世纪、接力三代人，雇主赡养年迈保姆的故事，执着地见证着道德的温度。（章　驰）

网友点赞

宁夏网友：万春春一家给我们诠释了什么是真正的大爱无疆。向好人致敬！

北京网友："投我以木桃，报之以琼瑶"。本是单纯的雇用关系，却因爱成就了一段三代人接力赡养的佳话。

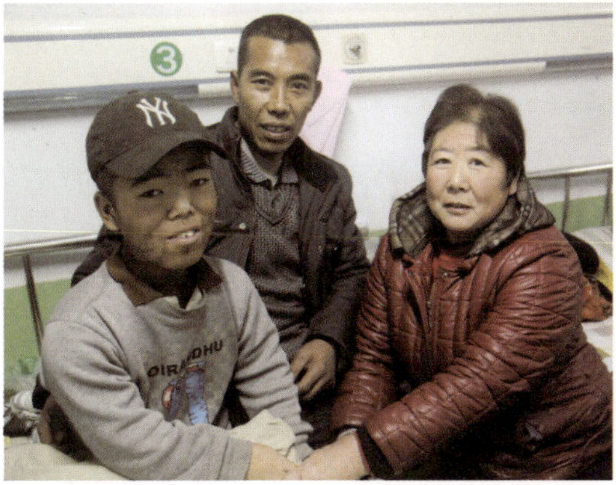

三代人接力养弃婴

对孩子的爱是一种自私的无私，一种不为公的舍己。

——周国平

20多年前，一个年近六旬的农家妇女在雪地中捡拾了一个弃婴。谁知那婴儿患有先天疾病，但这家农户用爱心抚养了他。曹中良一家三代人用接力的方式，20多年如一日，给予了曹国兴坚强的依靠和家的温暖，演绎了一段“不是亲生胜亲生”的感人故事。

河北省邯郸市磁县是闻名中外的陶瓷之乡，在这个县有一个北贾壁乡，属偏远山区，是磁县经济最为落后的乡，因无水灌溉，这里的农民都靠天吃饭。可就在这大山深处，却流传着一个感人至深的故事——曹中艮一家三代人，连续21年抚育残疾弃婴曹国兴成长。

曹中艮一家住在磁县北贾壁村，是太行山区的一个较大山村，驱车行驶在蜿蜒狭窄的山路上，两车相会都需十分小心。

说起曹中艮的母亲王红花，村里的街坊都会赞她心地善良。1994年春节前，太行山正是最寒冷的时候，这位富有善心的老人，在村外回家的路上，意外发现了一个小棉被裹着的婴儿。她试探着抚摸孩子的脸庞，气息柔弱但仍湿热。没有时间多想，她赶紧将孩子抱起，回了家。

揭开单薄的被褥，王红花在里面发现了一张纸条："1993年7月29日。"还有一个小奶瓶。男婴已冻得嘴唇发紫，哭声非常微弱。看着刚出生几个月便被遗弃的孩子，这位年近六旬的老人，有一种心疼得说不出的滋味，便将孩子紧紧裹入怀中。

又是用热水暖，又是搂在怀里焐，折腾了多半天，浑身冰冷的男婴终于暖和起来，身体也恢复了活力。过了一会儿，王红花仔细观察男婴，发现他比同龄孩子的脑袋大、四肢短。经过医生检查，孩子患的是先天性残疾——长不大的侏儒症，而且无法医治。"不管这个弃婴有啥病，既然让我遇见，就不能见死不救。以后，这个孩子跟我们就是一家人了。"王红花征得家人意见后，给孩子取名"曹国兴"。

尽管家里经济条件并不好，但是在接下来的日子里，王红花还是想尽一切办法，攒钱买奶粉，精心照顾这个可怜的婴儿。

在王红花的精心照料下，曹国兴渐渐长大，但他的身高却远远落后于同龄孩子，而且四肢无力、走路不稳。经医生再次检查，曹国兴被确诊患有先天性侏儒症，成年后身高超不过一米二。此后，王红花多方求医为孩子治病。几年下来，这个仅靠务农为生的家庭已是债台高筑，但王红花从未想过放弃。值得欣慰的是，几番治疗后，曹国兴可以正常行走了。

随着王红花年纪渐长，身体大不如前，特别是被诊查出患有食管癌后，健康状况越来越不好。

那时候，国兴才5岁多，作为王红花大儿子的曹中艮和媳妇吝思清商量后，将孩子接到家里继续照料："家里条件不好，但是有我们吃的就有国兴吃的，从来没把他当外人。"

曹中艮夫妇无论出门还是在家，对小国兴都格外用心。特别是不在家的时候，他们都要叮嘱女儿看管好国兴，不能让他跑到外面受别人欺负。

2004年，王红花因病去世。老人临终前，拉住大儿子曹中艮的手，反复叮嘱："我的日子不多了，现在最放心不下的就是国兴。你要把他当亲儿子，好好地把他养大……"

闻言，曹中艮跪在床头，泪如雨下，哭着承诺："娘，您放心，国兴早就是我的亲儿子了，他和我的女儿翠弟一样，都是我们的心头肉。”

自此，当时43岁的曹中良接过母亲的“爱心接力棒”，和爱人共同担负起照顾小国兴的重任，并且以父子相称。作为姐姐，在曹翠弟的意识里，国兴就是亲弟弟。

看到别家的孩子都去上学，小国兴也想走进教室。

但是，看到身材矮小的曹国兴，曹中良夫妻俩很担心他的自理能力。为了让孩子上个好学校，将来能够自食其力，他们还是费尽周折，把国兴送到了一家私立学校。“学习费用是高了些，但生活有老师负责，我们放心。”曹中良说。他们每隔几天就去学校看孩子。别看小国兴身体残疾，但是非常聪明，老师们都夸他学习好。

家里的几亩地靠天收刚够吃，日常花销全靠曹中良打零工挣的那点儿钱。送国兴上私立学校，使本就困难的日子更显窘迫。好在曹国兴很聪明，学习非常刻苦，让人看到了一线希望。

两三年后，这所民办学校解散，国兴也回了家。尽管成绩优秀，但考虑到身体残疾，家人不可能时刻在学校陪伴左右的现实，万不得已让他辍学了。于是，曹中良夫妇就成了国兴的“老师”，读书、写字、做数学题……慢慢地，勤奋好学的小国兴渐渐长大。“碰到不认识的字，我们都让他标出来，如果家里没人，他就查字典自学。”曹中良爱人回忆。国兴自学的劲头很高，不只是教科书，还看了许多课外书，特别是对电子修理、发明兴趣浓厚。

2011年，曹国兴来到邯郸市学习电子电器应用与维修专业，白天上课掌握理论知识，课余时间就摆地摊修手机挣钱。那时，曹国兴每天也就二三十元的收入，他用挣到的第一笔钱给曹中良夫妇各买了一件衣服：“爹、娘，我现在能挣钱了，这是孝敬你们的。”衣服虽然廉价，但夫妻俩却视为“珍宝”，两人高兴得一夜没睡着觉。

看到儿子可以靠手艺自食其力了，曹中良、吝思清夫妇也非常高兴。然而，谁也没有料到，不幸正悄然降临。2014年4月，曹国兴突然感觉身体不适，看了好多医生都不见好转，从磁县、邯郸直至石家庄，最后在河北省第二医院检查确诊是“鼻咽癌晚期”。

看到诊断结果，曹中良一家蒙了。没有办法，事到如今，只有选择坚强振作。曹中良说，万万没想到含辛茹苦拉扯大的残疾孩子竟是如此命运。“我们决不放弃，因为我们一家人已经一起生活了21年，国兴虽非亲生，但是在我们的心里，他从来不是外人。”曹中良决定，就是砸锅卖铁，也要想办法给国兴治病。

无奈之下，曹中良夫妇和女儿翠弟商量，能否用房子作抵押贷款。“只要有一线希望就决不能放弃治疗，别说用房子作抵押，就是把房子卖掉，我也毫无怨言。”曹翠弟非常坚决地说。

为了照顾好国兴，只比他大五岁的曹翠弟也没少操心。记得国兴到邯郸上中专时，曹翠弟为了方便照顾弟弟，就到学校附近的饭店打工，定期到学校帮他洗衣服，为他买生活用品。国兴课余时间摆地摊，她就去帮忙看摊。毕业后，国兴在邯郸市郊区开了一家手机维修的小门市，她又主动帮着看门市，为他做饭洗衣，无微不至地照顾他。“不接受我弟弟的不嫁！不管我弟弟的不嫁！不同意和我一起照顾弟弟一辈子的不嫁！”这是曹翠弟给自己立下的“带弟出嫁”的规矩，很多男孩子都被这一条件吓跑了。2009年，她在邯郸打工时认识了一个外地小伙子，两人情投意合，小伙子也愿意做上门女婿照顾国兴，于是两人很快步入婚姻殿堂。然而，仅过了一年，不堪重负的小伙子就选择了离婚。吝思清说，由于一直坚持“带弟出嫁”，曹翠弟到现在都没有再婚。

曹中艮夫妇介绍，曹国兴受尽病痛折磨，不过现在情况大为好转，说话、吃饭基本不受大的影响，“只是每隔20多天得去做一次化疗”。而在接受治疗的过程中，听闻他们一家的故事后，医院和病

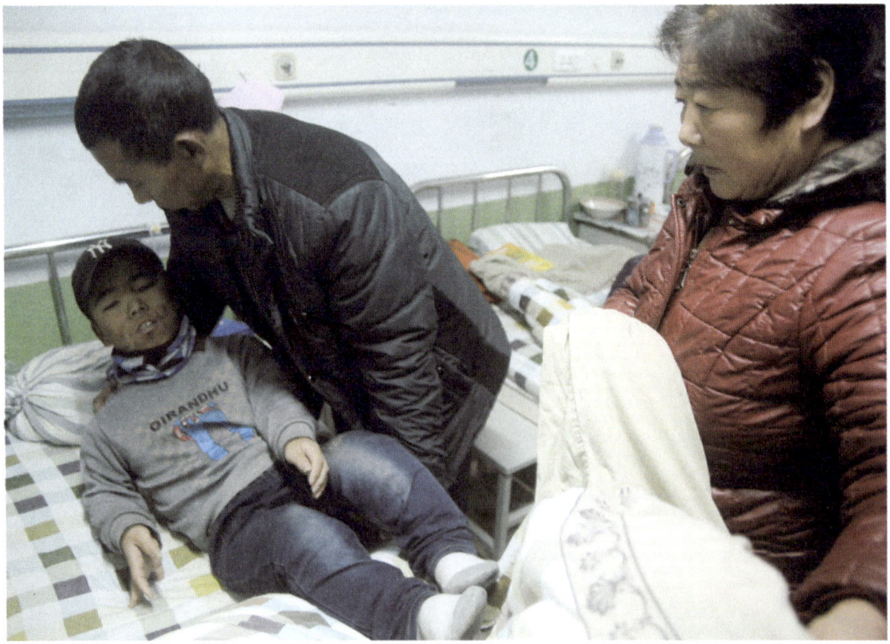

友都伸出了援助之手。

如今，磁县北贾壁乡、县民政局等部门也已“爱心接力”，通过为曹国兴办理“五保”等方式，尽全力予以救助。

据磁县民政局相关人员介绍，曹国兴除了可以最大幅度享受农村医疗保险外，当地医院还决定为他减免部分费用，民政局按照程序给予他一定数额的“大病医疗救助资金”等。

治疗期间，曹国兴很乐观、坚强，从未沮丧、失望过。他在病床上经常说自己是一个幸福的孩子，拥有温馨的家庭。如果有一天身体能够康复，他还想开门市修电脑、手机，努力挣钱回报养父母的养育之恩。“我的亲生父母虽然抛弃了我，但我的养父母一家给了我第二次生命。我的一生虽然遭遇了很多不幸，但也遇到了许多好心人，我对社会充满了感恩。”曹国兴说，“如果自己能痊愈的话，一定要回报父母、回报社会；治疗不好，我将会将身上有用的器官，捐献给需要的人，来回报社会……”

好人365 编辑感言

爱，就是这么奇妙，它无影无形却无处不在，它的传递来自于人心。曹中良一家三代人用接力的方式，照顾和温暖了曹国兴，也温暖了整个社会。他们只是平凡的普通百姓，但是他们的故事却胜过那些韩剧、美剧。这一家三代人的爱心与坚持让人肃然起敬，他们的故事

令人感动。我们的社会需要的就是这种无私的大爱。让我们用实际行动学习他们孝老爱亲的精神，让全社会充满爱的芬芳。（王　楠）

好人365 网友点赞

四川网友：不抛弃，不放弃，用爱让被亲人遗弃的孩子感受到关爱和温情，重新领略生命的美好、亲人的真情。这么感人的正能量故事，必须赞一个！

『空巢老人』的贴心人

爱人者，人恒爱之；敬人者，人恒敬之。

——孟　子

祁福孟是一位从部队转业到地方的普通民警，然而，在这看似普通的岗位上，他动脑筋，想办法，做出了不平凡的事迹：9年多的时间，他先后为13位“空巢老人”送终；有7位老人将自己的后事托付给他；有的老人要把遗产馈赠给他而被婉言谢绝……

现年56岁的祁福孟，是大连开发区公安局“110空巢老人服务之家”专干。9年多的时间，祁福孟用实际行动温暖了“空巢老人”的心，在社会上引起了强烈的反响。

“我是一个喜欢动脑子干工作的人，在部队是这样，转业从事公安工作也是这样，始终要求自己：干就要干好。” 2005年1月，祁福孟由社区民警岗位调整到分局110指挥中心负责接警工作。在接警过程中，老祁发现每天的接警电话中有很多是老人打来的求助电话。工作之余，老祁反复思考，他觉得这些求助的老人应该是一个需要特别关注的群体。这个想法一出现，老祁便再也放不下那些寻求帮助的老人了。于是他开始着手进行深入梳理，发现这些老人都是空巢老人，有的无儿无女，有的子女不在身边，求助的内容很多很杂，涉及日常生活的各个方面：有的是生病需要就医，有的是生活困难需要接济，有的是孤独寂寞需要精神安慰……

于是，祁福孟萌发了组建“空巢老人服务之家”的想法：如果能发挥公安机关110应急救援服务平台和派出所社区民警深入社区服务群众的优势，成立一个专门服务空巢老人的机构，就能快速及时地帮助这些空巢老人了。

2006年1月25日，以大连开发区城市应急联动中心为平台，联动社会力量成立的“110空巢老人服务之家”正式启动，祁福孟被安排担任专干。从此，他就与空巢老人结下了不解之缘。

从“110空巢老人服务之家”成立的那天起，祁福孟就把全部的心思都放在了空巢老人身上。谁也不知道，祁福孟自己也是一个病人。他患有严重的糖尿病，每天一早一晚要打两针胰岛素；心脏早搏，医生建议做“搭桥”手术，祁福孟总是一拖再拖。他的儿子祁广翔说，自己上学的时候，父亲没有接送过一次，当时很不理解甚至埋怨，长大了才知道父亲工作的伟大。

祁福孟为了详细掌握每一位空巢老人的情况，与派出所、社区、民政部门的同志一起，用3个月时间对居住在辖区的60岁以上、无子女或子女不在本市的空巢老人进行摸底调查，确定了首批需要照顾的34户37名空巢老人，以后又发展到84户105名空巢老人，并逐一建立了个人档案，同时把内容全部录入110微机数据库，进行编号造册管理，实现公安专线自动转接服务。空巢老人只要一拨打“110”，系统就会自动识别转接到祁福孟的手机上。对于家里没有电话的空巢老人，祁福孟协调为他们安装了一键通智能电话，只需按其中一个键就可以求助。2012年9月11日晚上8点多，空巢老人付维臻突发胃出血，她按下一键通，祁福孟接到电话后，立即联系“120”急救车、开锁公司赶到老人家中，由于抢救及时，老人转危为安。参加抢救的医生说：“如果再晚半个小时，老人的命恐怕就保不住了。”

这么多年来，祁福孟一直都把空巢老人当作自己的父母来照顾，周到细致、亲力亲为。空巢老人李万宝下肢残疾，祁福孟就给他买来轮椅；老人没有刮胡刀，祁福孟就给他买来电动刮胡刀；老人自己不能洗澡，祁福孟就和联动单位人员陪同老人去浴池洗澡。老人去世后，祁福孟给老人送去花圈，帮助料理后事。每年清明节，祁福孟都陪同李万宝的老伴儿杨维花去给李万宝扫墓。

2012年夏天，薛光辉老人因病需要诊治，祁福孟冒着酷暑，连续一周开车接送老人往返于开发区和大连市内。薛光辉去世后，他的老伴儿刘秀芬情绪低落，祁福孟和爱人隔三岔五带着水果和鲜花到她家看望她。她在日本定居的女儿说，咱们中国警察很有人情味，儿女没做到的，祁福孟都做到了。日本籍空巢老人大岛正男在大连开发区工作时，经常得到祁福孟的帮助，他退休后回到日本只待了几个月，又回到了开发区。有人问他，为什么又回来？他说这儿的警察负责任，在这儿生活有依靠。

几年来，祁福孟不辞辛苦，一次次地调查询问，对辖区空巢老人都逐一建立了个人档案。为保证服务工作得到有效落实，他和同事一起起草了《110空巢老人共建服务公约》《共建服务联席会议制度》等相关规定。

他总是这样告诫和要求自己：“老人有所呼，我有所应；老人有所忧，我有所虑；老人有所求，我有所助；老人有所难，我有所帮。”为了更好地为空巢老人服务，在第一时间为其提供及时帮助，他制作了“服务联络卡”，并送到每一位老人家中。新云里的薛继承、芦若玉两位空巢老人居住在一楼，由于供暖设施老化，每年冬季室内温度总是在10摄氏度左右，一到冬天，两位老人在家里还得裹着大衣、穿着棉鞋。他得知这一情况后，立即与开发区东山热力公司进行联系，协调解决这两位老人家中的取暖问题。东山热力公司领导安排人员实地了解情况，对两位老人家中的供暖管道进行了重新设计和施工，更换了供暖管道和暖气片。现在老人家中供暖期间温度已达到20摄氏度以上。两位老人经常对邻居讲：“多亏了祁警官，把家里的暖气修好了，不让我们老两口儿冬天再挨冻、遭罪。”

除此以外，祁福孟还认真登记每位老人的生日，每当有老人过生日时，他就提前订好生日蛋糕，在老人生日当天送到老人家中。2009年4月29日，当居住在杏花里的毕大爷接过他手中的生日蛋糕时，激动地说：“活了这么一大把年纪，还是第一次与民警同志一起过生日。”感人的场面让这位满头白发、步履蹒跚的老人流下了激动

的眼泪。到目前为止，祁福孟已为空巢老人送去240余份生日蛋糕。

他安排老人看病360余人次，体检180人次，抢救病危420余次，主动登门服务6900余人次；多次组织空巢老人到金州新区周边旅游参观，为空巢老人自筹和社会捐助16余万元，为空巢老人赠送轮椅4台，粮食等生活用品2万余公斤、衣服200余件，发放价值200元医疗救济卡43个、食用油4050公斤、鸡蛋4000余公斤、月饼500余盒、元宵1200公斤，免费为老人配发眼镜120余副，免费粉刷室内墙壁7200平方米，购买彩色电视机30台，发放慰问金6万余元。

这些“数据”说起来容易做起来难，每一个数字都饱含着这位好民警的浓浓爱心。他用一颗孝子心、一分儿女情，心牵老人，真心服务，被空巢老人亲切地称为“贴心人”“主心骨”。

好人365 编辑感言

他用真情相助“空巢之家”，他用大爱情怀扩容爱心。在“空巢老人”之家，他是家长；在“空巢老人”面前，他是儿子。当孝敬成为一项工作，考验的就不仅仅是肉体，更是心灵。这个特殊的警察以自己的热心，为“110”这个熟悉的号码增添了亲情的温度。

中华民族有着孝老爱亲的传统美德，通常提到孝道无外乎孝敬自己家中的父母、公婆。而老祁照顾的是跟他毫无血缘关系的空巢老人，他把他的爱、他的孝分享给了百余位空巢老人，他用实际行动诠释了“老吾老，以及人之老”的大爱精神。（赵　洋）

好人365 网友点赞

福建网友：大爱无疆，给老人最后的温暖，践行孝道真谛。向人民好警察致敬！

美国网友：人民警察为人民，履职尽责真好人，照顾老人不“空巢”，真情相助暖人心。

好媳妇撑起两个家

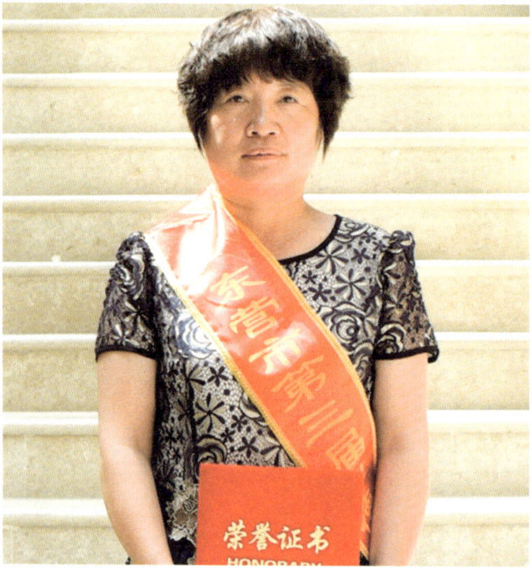

为人父母天下至善；为人子女天下大孝。

——《格言联璧》

在家庭遭遇重大灾祸的时候，苟增玉选择的是坚强面对。20年来，她用勤劳和孝心，撑起了两个苦难重重的家。

都说儿媳再好也不如闺女，婆婆再亲也不如亲妈。可是她却用自己的坚持、宽容、付出和体谅重新诠释了婆媳关系——儿媳也能成闺女，婆婆也会成亲妈。

她，就是山东省东营市垦利县胜坨镇小巴家村的一名普通农家妇女——苟增玉。

28年前，她还是一个如花似玉的姑娘。在最好的年纪，她遇见了她的第一份缘分。花前月下，甜蜜的恋爱，1987年，她和巴先生携手走进了婚姻的殿堂，用甜蜜和勤劳筑起了遮风挡雨的小家。佳儿佳女，恩爱相伴，日子过得滋润幸福。儿女的出生，让这个幸福的小家更加温馨。

也许，幸福总不是随时相伴的。20年前的一天，在家等待丈夫归来的苟增玉接到了一个至今都无法相信的消息：丈夫出意外，去世了。离家之前还是个活生生的壮实人，不到一天的工夫，就再也唤不醒了。顶梁柱突然就塌了，一双儿女还不谙世事，原本的幸福家庭一下就支离破碎，而当时的苟增玉只有30岁。

一直在丈夫的呵护下，幸福又没有压力地生活着，面对突如其来的变故，苟增玉失去了主心骨，每日以泪洗面。但当她看见精神恍惚的婆婆和嗷嗷待哺的儿女时，坚强又淳朴的她，藏起了心里的悲伤，决心替丈夫照顾起整个家。

可是照顾谈何容易。婆婆心生芥蒂，怕“儿子去了，媳妇跑了，孙子孙女也留不下”。苟增玉觉得自己没啥技术，赚钱养家是个难

题。但她不忍心看着一个家就这么完了，瘦弱的她凭着一颗坚忍的心挑起了服侍老人和照顾孩子的重担：每天给老人做好了饭菜端上饭桌，再把孩子送去学校，还要操劳着赚点儿钱贴补家用。

坚持一两年也许并不是难事，可是一直坚持20年，对很多人来说也只能是说说而已，根本做不到。坚强又善良的苟增玉，就这样默默地坚持了20年，不叫苦，不埋怨，用自己的爱支撑起了这个失去了顶梁柱的家庭，“服侍老人终老，这是我们晚辈应该做的。当时，我就觉得，老巴走得早，咱也不能让老人寒了心。”不善言辞的苟增玉说道。

再坚强的女人，也需要个靠山，分一些忧愁，担一些压力。在苟增玉的丈夫刚去世的那几年里，有很多亲戚朋友不忍心看到她这么辛苦，纷纷给她介绍合适的对象，希望能成全一对新人，一来可以帮苟增玉分担一些，二来苟增玉还年轻，也应该有个伴儿。但善解人意的苟增玉知道心思细腻又敏感的婆婆对这件事的态度，也不想因为这件事跟婆婆产生不愉快，所以在寻找伴侣方面，苟增玉只有一个要求，那就是可以接纳婆婆。

简单的条件，却吓退了不少人。养自己的老人尚可，再养别人的老人，让很多人都无法接受。就这样，日子一天天地过去，直到于吉文的出现。于吉文的妻子因白血病去世，也同样留下了年幼的孩子。也许是同病相怜，互相理解，带着对苟增玉的敬佩和倾慕，两个人走到了一起。可这下却遭到了婆婆的强力阻拦，丧子之痛让苟增玉婆婆的精神状态一直不好，她不同意苟增玉改嫁，怕苟增玉将她的孙子带走。面对婆婆对孙子的不舍，苟增玉和于吉文最终决定，两个人一起留下，共同照顾两个人的三个孩子，还有苟增玉的婆婆。

上门女婿，对方还是二婚，这在村里引起了不小的骚动。村里人异样的眼光和不友善的言辞给两个人带来了沉重的舆论压力。善良的苟增玉和于吉文，并没有因此退缩，因为他们一直深信，爱没有错，付出也没有错，照顾老人、孩子更没有错。不过多解释，他们拿出最实际的行动，一点一滴地向村里人证明着，他们不仅能撑起这个家，他们更能营造一个温暖、幸福的家。

于吉文少言寡语但踏实肯干，他和苟增玉生活在一起后，经常会遭到苟增玉婆婆的冷眼辣语，但他不计较不埋怨，始终用最真诚的心面对老人。每到秋收秋种，他都会早早地帮妻子把农活儿干完；家里有什么零碎体力活儿，也都抢着干；家里做点儿水饺什么的好饭，也都端一份给老人送去，屋里屋外比亲儿子还要孝顺。于吉文外出打工，每晚回来不管早晚都去老人那里走一趟，陪老人说说话再回自己的家。持之以恒的他，让老人也养成了一种习惯，只要于吉文不回家，老人睡觉前都觉得少点儿啥。慢慢地老人把于吉文当成了自己的亲儿子。

后母难当，这句话在苟增玉这里得到了印证。在与于吉文结合初期，于吉文的儿子特别叛逆，不肯接受苟增玉这个新妈妈；苟增玉的婆婆也一直心有芥蒂，老是担心她会走，态度上对她特别不友好。双重压力之下，说不难受那是假的，但苟增玉不想这么轻易被打倒，这个朴实的女人，甚至有点儿“轴”地坚信，只要多付出一点儿，多爱他们一点儿，丧子的婆婆和丧母的儿子肯定能慢慢地理解和接受她。

就是这样的固执，就是这样的执拗。她如亲闺女一样照顾着婆婆，从冬到夏，从夏到冬，在时间的轮回里，爱始终充满在这个重组的家庭。2005年，于吉文的儿子得了牛皮癣，这种病难以治愈，苟增玉和于吉文带着孩子跑了无数家医院，看了数不尽的医生，都没有好转的迹象。作为爸爸，于吉文都要无奈地放弃了，可苟增玉却始终不放弃，不断地打听哪里有看这种病的医生，只要有，不管多远都要去，听说的偏方都亲自跑去验证。苍天不负苦心人，孩子的病终于治好了。“就算亲妈，也就这样了吧。”与苟增玉多年的邻居季焕珍感叹道。

治好的不仅是身体上的病，更重要的是治好了孩子的心病。从不接纳到外出上学时两三天就打个电话问候妈妈，其中的艰辛只有苟增玉自己知晓。时间是治愈伤痛最好的药，也是检验真心的试金石。对孩子的爱，对婆婆的孝敬，都得到了回报。婆婆对她由心存芥蒂变成了寸步难离、百般依赖，几天不见就会念叨。2014年，与病魔抗争了三个月的婆婆在73岁时离开了人世。临闭眼前，婆婆拉着荀增玉的手说："这些年，你受累了，以后这个家就交给你了……"

三个孩子虽然过着并不富裕的日子，还遭受了重大家庭变故，但在荀增玉的言传身教下，都性格开朗，懂事孝顺。作为母亲，即使生活艰难，她也没在孩子面前抱怨过一句，也从没申请过低保户，也没有要求学校为她的孩子减免过学费。她甚至告诉孩子们说："你们可以去申请国家励志奖学金，但贫困生助学金你们不要去申请，因为比咱困难的孩子多得是啊！"在荀增玉的影响下，三个孩子都早已自立自强，打工赚钱，很少让父母操心。可在荀增玉的心里，总觉得亏欠孩子们太多，心疼孩子们跟着她受穷受苦。20年，不顾风雨，不惧非议，一个普通农村女人用瘦弱的肩膀和宽广的胸怀将两个不完整的家庭重新聚起，她从来没喊过苦，也没有说过累，更没有在人前掉过眼泪。她只说对不起三个孩子，可是在孩子们的心里，她却是最伟大的母亲，因为这个母亲给了他们最深厚的爱和受益终生的精神食粮。

好人365 编辑感言

20年来，荀增玉日复一日、年复一年地用善心和包容打动了老人、抚慰了孩子受伤的心灵，也温暖了两个破碎的家庭。一个普通的农村妇女，没有接受过什么高等教育，更不会讲什么大道理，她所知道的，只是在家庭遭受不幸的时候要选择坚强，用爱和坚忍保留一个家的希望。这种情感发自心底，质朴而又伟大。从她身上我们看到的是人在困难时做出的最原始的选择，也是人性的选择，是善的选择。不曾被外界压力所打倒，不曾被内在困难所击退，苟增玉用自强自立和善良诚恳的心告诉我们，陪伴是最长情的告白，她用爱和责任撑起了两个破碎的家！（王　楠）

好人365 网友点赞

宁夏网友：一个普通女人的不普通人生，为她点赞！

湖南网友：苟增玉不愧为“中国好媳妇”，她的现任丈夫同样也值得我们尊敬。

不离不弃孝女心

不得乎亲，不可以为人；不顺乎亲，不可以为子。

——孟　子

从22岁到49岁，对于女人来说这是一生中最美好的时光，而赵丽华放弃了本可以更轻松、安适的生活，选择了用自己孱弱的双肩，挑起照料五位老人的重担。整整27年，她不离不弃，把困顿平常的日子打造成温馨幸福的生活，用爱心创办了“家庭敬老院”。

赵丽华出生在一个比较特殊的家庭。她的母亲在家中排行老二，姐姐和两个兄弟身体都有残疾，三人终身未婚。赵丽华从小就和这些先天落疾的长辈生活在一起。为了照顾姐姐和两个兄弟，赵丽华的母亲选择了招上门女婿。像母亲一样，赵丽华也找了一个肯做上门女婿的男人李桂华结为夫妻。与母亲不同的是，赵丽华原本是可以嫁出去的，可以离开窘迫的环境到一个新的地方，开始自己的新生活。但她选择了留下来，亲朋好友都来劝她："五位老人怕不容易养，要考虑清楚，你还是嫁出去吧。"然而赵丽华心里清楚，如果离开这个家，她的父母、姑妈、二叔、三叔将会面临更加困苦的境地。"留下来"这是她自己的选择，仿佛也不用选择。赵丽华的善良打动了丈夫李桂华，他们共同商定，要照顾五位老人一辈子。

有些话说起来容易，做起来就艰难了，因为日子是要一天天过的。每天早上起来，就要伺候老人起床、洗漱，还要喂饭、喂药、擦澡、翻身、换洗床单。一天下来，赵丽华夫妇时常感到腰酸背疼，就这样，他们一干就是20多年。苦点儿累点儿他们夫妇不怕，但命运却总是在难为着两个善良的人。

2000年，靠赵丽华种菜卖菜和李桂华打工的收入，他们的生活日渐有了起色，夫妻俩又东拼西借了一点儿，终于盖起了两层楼的砖房。新房还没来得及装修，一家人就高高兴兴地搬进去了。可谁曾想，这毛坯房一住便是15年，新房住成了旧房。房子刚刚盖好没多久，赵丽华的母亲就病倒了，而且病得很重，躺倒在床上，再也没有起来，尿屎都要有人端，吃喝全要靠人喂。2004年夏天，神志不清的姑妈又从楼梯上跌下来，肋骨骨折。这一来，家里有两位卧床不起的病人，李桂华便不能再外出打工，夫妇二人只能全心全意地服侍两位病人。收入减少了，医药费用却增加了，赵家再没有人提装修这件事了。每天把饭菜做好后，赵丽华端到老人床前，一口一口吹凉了喂老人吃下去。为使她们尽快恢复健康，夫妇俩尽可能地做有营养的饭菜，把家里下蛋的老母鸡杀了为老人炖汤，而他们自己就吃些青菜、白饭。除了帮老人洗澡换衣，接屎接尿，夫妇俩还经常陪老人聊天，以宽老人心。

就这样，赵丽华片刻不离床边地服侍了五个多月，2004年11月16日，赵丽华的母亲病故了。在外人看来是“终于松了一口气”，只有赵丽华知道失去母亲的滋味不好受。看着家中4位需要照顾的老人，再大的悲伤也只能往心里埋，再大的痛苦也不能让老人看出来，只有挺住。可没隔多久，姑妈又跌伤了脚，送到医院缝了7针，痛失姐妹让姑妈神志不清，她有时乱骂，有时乱打。尽管如此，赵丽华夫妇俩还是忍着，像照顾自己的孩子一样， 把姑妈收拾得干净利索，生活安排得井井有条。很多同村乡亲们都劝赵丽华夫妇：“政府有敬老院，你为何不把他们送往敬老院？”赵丽华回答：“他们住习惯了我家‘敬老院’，我也舍不得他们，更何况送到敬老院也会给政府添麻烦。”

对于赵丽华一家来说，最艰难的应该是2009年。那年父亲生病住院；二叔赵友金因眼睛不好跌倒摔伤后卧床不起；此时，一个不知是悲是喜的消息传来，赵丽华的大儿子考上了厦门大学的本硕连读，可读7年需要交8万多的学费。这对于一个年收入只有5000元的家庭来说，简直是天文数字。年迈重病的4位老人、体弱多病的自己、上学的两个儿子，让她一度陷入了对生活的绝望中。就在这时候，先天失明的三叔又得了肠梗阻，生命垂危。救人要紧啊，赵丽华夫妇一咬牙，将家里养的两头正在长膘的“架子猪”卖掉，又到亲戚朋友家东借西凑，凑足5000元，及时将三叔送往县医院做手术，又端屎端尿整整服侍了20多天，儿子到厦门读大学的事，再也没人提起。

面对默默无语的儿子，赵丽华夫妇心如刀绞。赡养老人和培育后代，本来不应该是矛盾的，他们顾此失彼，对儿子不公平，也不负责任。他们最后决定送大儿子回学校复读。像赵丽华受母亲感染一样，赵家的两个儿子，从来没有嫌弃过自己的家庭，他们尊重自己的母亲，时刻在想着能为这个家做点儿什么，以减轻母亲的负担，让日子

好起来。赵丽华的大儿子2010年高考，成为全县理科状元，考取了天津医科大学临床医学专业，还获得奖学金1500元。学医的费用不低，一直觉得亏欠儿子太多的赵丽华夫妇，这次坚持要送儿子上大学。而懂事的孩子，只从家里带了基本的学费，他打算以勤工俭学完成自己的学业。

随后，赵家二儿子考取了大姚第一高中，赵丽华对二儿子许下了这样的诺言："无论欠多少债，拼了老命也要让你上大学！"

在读书期间，两个孩子在校时经常打电话回家和几位老人聊天，回家后对老人们也是百般孝顺，常常给老人捶背揉肩、说笑话讨老人欢心，让老人们体会到了含饴弄孙的快乐。

一个人做一件好事不难，难的是坚持做好事。赵丽华夫妇对5位老人的执着一晃就是27年，夫妇二人昼夜轮流陪护伺候。人们都说久病床前无孝子，村民间也传言过赵丽华夫妇总有一天会烦、会厌的话。但27年来，赵丽华夫妇日复一日将三餐做好后端到几位老人跟前，年复一年地为老人置办四季衣服，从没有间断，也没有怠慢过。两人尽最大努力，支撑着这个家，从无一句怨言，用自己的坚忍印证了人间真爱。

好人365 编辑感言

先圣孔子曾这样表述大同之世：人不独亲其亲，不独子其子，使老有所终，壮有所用，幼有所长，鳏寡孤独废疾者，皆有所养。自古以来，百善孝为先，这是人间真情的永恒旋律，是中华民族绵延千年的传统美德。赵丽华，一个普通平凡的女人，如今被大家所熟知，为大家敬重，其实就是因为她坚持了27年之久的对自己双亲和长辈的“孝”。不抱怨，不放弃，不向命运低头，“孝道”被一个农家妇女诠释得如此之伟大。面对赵丽华的故事，我能感受到的是心安的归处，是稳稳的幸福。“孝心”既不高也不远，你我都能做到。只要我们在生活中多一分对父母的关爱，多一分对老年人的照顾，这心安的、稳稳的幸福也必能传遍整个社会。（王晓宁）

好人365 网友点赞

河南网友：善待父母、姑妈、叔叔，唯独忘了善待自己，不低头、不掉泪，抬头还是灿烂的天空。谢谢你给我们上了一堂生动的课！向好人致敬！

河北网友：“百善孝为先”，不管走到哪里，不管身在何处，我们都应该学习赵丽华这种朴实而高贵的精神。

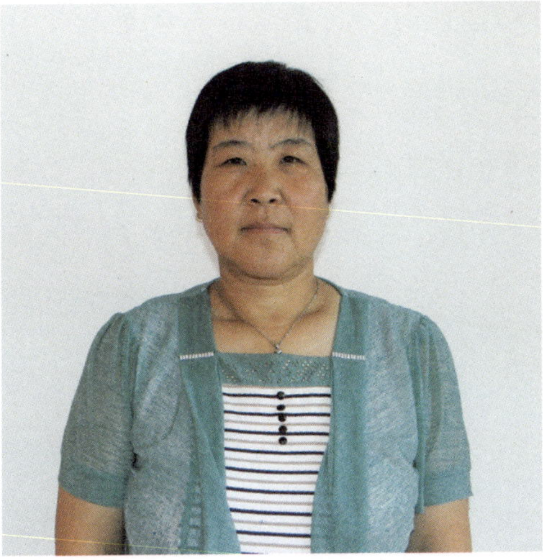

爱心姑妈显真情

思尔为雏日，高飞背母时。当时父母念，今日尔应知。

——白居易

韩会林40年如一日，毫无怨言地抚养5个失去双亲的侄儿、侄女，演绎了人间的真情大爱。

“人都说，父爱如山，我要说一声母爱如山。姑姑，请允许我发自肺腑地叫您一声妈妈。父母去世后，是您用母爱的臂膀，将我们一一揽入怀中，抚养、呵护。曾经的青春逝去，您和姑父光滑的脸庞布上了皱纹。我才发现，我和兄妹们用所有的青春，都难以回报二老的付出。”

这是一封奇特的书信。本来是写给姑姑的信，却满纸表达对母爱的感恩。姑姑咋就当了妈？这就要说到山西省昔阳县一个特殊的大家庭了。女主人韩会林是六个孩子的妈妈。在农村，孩子多不罕见，可是六个孩子中只有一个是亲生女，其余五个全是父母双亡的侄儿侄女，这就让人有些费解了。

故事要从1975年说起，那一年韩会林的大嫂因病去世，大哥当时在外村教书，留下的三个孩子中大的8岁，小的只有一岁半，三个孩子只能由奶奶来带。韩会林母亲身体也不好，总是一边看孩子，一边悄悄流泪。韩会林当时15岁，正在上初中，放学回到家就帮母亲带孩子、做家务。当时小侄女还没断奶，韩会林经常要跑到十多里外的供销社给孩子买乳品，半夜里还得起来给小侄女喂点儿吃的，每晚忙活下来前后总得个把小时。时间长了三个孩子和姑姑相处惯了，好像有了依靠，做什么都喜欢黏着姑姑。

“华春、华青，你们怎么又来了？”1976年春季的一天早上，韩会林带着10岁的侄儿韩华斌正赶着去上学，忽然发现两个侄女也偷偷跟来了。

5岁的韩华春已懂事，看到姑姑有些生气，便不敢吭声。2岁的韩华青却实话实说："姑姑，我们想妈妈。你不就是我们的妈妈吗？我们愿意跟着你。"

孩子们提到"妈妈"，韩会林的眼眶湿了，心也软了。

1977年，一直默默在大田里劳作的韩会林的父亲韩守义，因心脑血管疾病瘫痪在床。哥哥、姐姐们来照顾一段时间后离开了，伺候父亲的担子便落在了韩会林身上。1978年，灾难再次降临——韩会林的母亲也因病离开了人世。18岁的花样年华，对许多同学来说正是憧憬未来工作、家庭、婚姻的年龄，韩会林却不得不从母亲手中正式接过抚养3个孩子的重任，成了名副其实的"小妈妈"。从那一刻起，照顾病父、抚养哥哥的幼子成了韩会林的责任。

不管多难，都要给孩子们一个家。农村妇女韩会林曾经有机会成为"公家人"——乡卫生院的正式医生。那个时候，赵壁乡卫生院正好需要一位妇科医生，上级卫生部门看重韩会林人品好，肯吃苦，几次叫她培训学习，还答应给她转正，去当正式医生。但想到三个孩子需要人照顾，韩会林放弃了这个机会，心甘情愿地回家继续做"家庭妇女"照顾孩子。

不管多苦，都要让孩子们吃饱穿好。侄儿韩华斌至今还记着姑姑脖子上挂条毛巾在锅台上忙碌的身影。而每到最后，韩会林往往只能喝上几口剩下的稀饭，便又得放下碗筷去忙家务。"她不是不想吃，而是知道那点儿窝窝头根本不够，所以先让孩子们吃。”为了不让孩子们自卑，每年过年时韩会林都设法给孩子们做几件新衣，但是韩会林自己却从来舍不得买一件像样的衣服。前些年过春节，孩子们给她买了一身漂亮的衣服。“可姑姑几次拿出来试试，都说老了不能穿。后来，她搭配着别的旧衣服，才一件一件陆续穿了。” 侄女韩华青说。

1984年，韩会林送走了久病的父亲，小侄女也到了上初中的年龄。24岁的她终于可以考虑一下自己的个人问题了。那个年代，在农村，24岁的闺女就算是“大姑娘”了。尽管乡亲们都知道她家的情况，但更知道会林品行好，纷纷给她做媒，寻找好人家。

通过热心人牵线，赵壁乡西平原村的赵占元和媒人一起来到了她家。媒人介绍韩会林时，她自己突然插了话：“哥哥的三个孩子我得带着。你要愿意，就娶俺；如果不愿意，就走人！”

突如其来的变化，让媒人有些难堪。赵占元却憨厚地笑笑说：“我不在乎，就冲着你对三个侄儿、侄女好，我愿意找你。”

1985年正月，在乡亲们的欢送声中，25岁的韩会林终于找到了婆家。妹妹出嫁的当天，哥哥韩会国特意把三个孩子带回了学校。但三天后，孩子们便又吵嚷着要到姑姑家生活。

就这样，韩会林在婚后第三天便带着三个孩子，在家中当起了“妈妈”。

本以为从此可以过自己的小光景了，可厄运再次降临。婚后半年，韩会林的大哥因心脏病撒手人寰，三个孩子成了孤儿。料理完大哥的后事，赵占元坚定地对韩会林说：“我知道你的意思，什么都不要说了，孩子们咱们带。”赵占元家兄妹七个，条件也不是太好，可他对韩会林的侄子、侄女却很好，总是想办法尽力满足孩子们的要求。每逢礼拜天，两口子都要给孩子们蒸点儿馒头，压点儿饼，再炒点儿辣酱，星期一上学走时给孩子们各自带上一包。在韩会林和赵占元的抚养培育下，三个孩子全考上了大学，现在都在从事教师工作。

“愿得一心人，白首不相离。”从1985年到今天，赵占元默默地和韩会林一起承担着照顾孩子们的责任。“赵占元是个好人，更是一个好丈夫，遇到他是我的福分，也是孩子们的福分，没有他，这么多年我根本坚持不下来。”每次说起丈夫，韩会林总是充满着感激。

2007年，大哥的孩子们相继毕业，各自成家工作。可韩会林没想到，五弟的两个孩子韩青梅、韩青松这一年也成了孤儿。韩会林的五弟媳早在1999年因病离世，2007年，五弟也因肝硬化撇下一双儿女去世。离世前，五弟拉着韩会林的手，恳求她帮忙抚养自己的两个儿女。

五弟看着姐姐坚定地一次次点头，才放心地合上了双眼。韩会林和丈夫把两个孩子刚接过来时，侄女17岁、侄儿10岁。怕孩子有思想负担，两口子天天往学校跑，让老师多开导孩子，让同学们多与孩子玩耍，还常常给邻居们打招呼，让他们和两个孩子主动说说话，使孩子感觉到姑姑家就是自己的家。侄女韩青梅接过来时正读初三，和韩会林的女儿赵青是同岁，为了不让孩子们闹矛盾，韩会林总是教育赵青要谦让，懂得什么是责任。在老两口儿的影响下，女儿和五弟的两个孩子相处得很和睦，从没有为他们分享了妈妈的爱而抱怨，直到现在，侄儿韩青松上高二了，他所需的学习生活用品还是赵青购买的，在赵青眼里，韩青松就是她的亲弟弟。

韩青梅高考那年，以两分之差落榜。赵占元认为孩子有希望，在家庭经济紧张的情况下，硬是让孩子复读了一年，第二年韩青梅被内蒙古大学录取。侄儿韩青松曾被评为晋中市“美德少年”，现就读昔阳中学，成绩优秀，这些都让韩会林和赵占元深感自豪。

“现在好了，大哥的三个孩子都毕业成家了。弟弟的大女儿韩青梅已大学毕业，现在已就业；弟弟的小儿子韩青松也在昔阳中学上高一，成绩名列前茅。我的家虽清贫，但我不能苦了孩子们。”韩会林说。

孩子们好了，韩会林夫妇俩仍旧在西平原村默默地劳作。一个人牺牲了自己的前途和青春，用一生的辛劳培养侄儿侄女长大成才，将伟大的母爱和亲情变成了和谐社会的一道靓丽彩虹。

好人365 编辑感言

孝老爱亲是中华民族的传统美德。面对五个失去双亲、需人抚养的孩子，她是那样的义无反顾，哪怕心力交瘁。普通农家妇女韩会林用她40年的坚守和付出，演绎了无疆大爱，写就了人间真情，诠释了什么是社会责任，什么是人生意义，为我们弘扬社会主义核心价值观，争做家庭美德和个人品德模范树立了榜样。“好姑妈”韩会林的事迹深深地感动着我们每一个人，并呼唤着人们要孝敬和关爱自己的父母和亲人，孝敬和关爱一切需要孝敬和需要关爱的人，并将这份爱的“正能量”不断地传递下去。（张智萍）

好人365 网友点赞

河南网友：身为妈妈知道养孩子的累和苦，她能抚养这么多侄子、侄女，令人感动。

最美『嫂娘』

母亲啊！天上的风雨来了，鸟儿躲到它的巢里；心中的风雨来了，我只躲到你的怀里。

——冰　心

古有嫂娘养育包拯，今有桂英照顾叔伯。在长达34年的漫长时间里，李桂英悉心照顾患病的亲人，以女人柔弱的肩膀撑起一家人的“艳阳天”，演绎了现代版的嫂娘故事。

34年前，还不到18岁的李桂英和千百万农村姑娘一样，怀着对新生活的憧憬和希望，嫁到了宁夏回族自治区同心县田老庄乡千井村的一个家庭。贫寒的家里，公公长期患病，大伯子和小叔子瘫痪在床多年。善良的李桂英没有选择逃避，而是默默地接受了这一切。三个病人的洗漱、吃饭让她一天从早忙到晚；打扫屋子、收拾院子，让她"连轴转"；为大伯子翻身、擦洗，作为一个新媳妇，她也无法顾忌那么多；跟耳背的丈夫下地干活儿，她得一路小跑……

丈夫苏海清没有想到，新媳妇面对这样的家庭会选择留下来。因为连他自己都常常忍不住发牢骚，哪个新媳妇能受得了？可李桂英没有离开，而这一守就是34年。

刚结婚时，因为有婆婆在，李桂英还可以只照顾大伯子和小叔子的吃喝起居。婆婆去世后，给大伯子和小叔子翻身、擦洗、端屎端尿的活儿也都只能由李桂英来做。她顾不得羞涩和禁忌，而是像照顾自己的孩子一样照顾着他们。

照顾家庭说起来容易，但想做好却难。年轻的李桂英为了做一个好媳妇和一个好嫂子，可没少下功夫。每天早上，李桂英都起得特别早，她要做的第一件事情就是去看看公公、大伯子和小叔子，端走屎尿。接着，她打水给他们洗漱、擦洗身子，紧接着再做饭。因为小叔子胃不好，李桂英每天都要先给小叔子做碗面，等他吃完后再去给其他人做饭。

接屎、接尿，气味很难闻，而这一闻就是34年。李桂英坦言，一开始自己也不习惯，每次都要长憋一口气，不敢呼吸。她吃饭时也经常会因此而失去胃口，后来她便安慰自己："心里干净了，什么也就不脏了。"春夏秋冬，清洗小叔子弄脏的被褥成为一项繁重的家务，这让李桂英的手臂力气练得比一般家庭妇女大很多，手掌上的老茧也厚很多。

"抱怨没有用，遇到什么就面对什么，没有过不去的坎儿。"好强的李桂英从来不承认自己命苦。她说，世界上比自己苦的人肯定还有很多。

李桂英和丈夫苏海清因为要照顾患病的家人，还要照顾自己的几个孩子，家里生活非常困难，四个女儿都没有上学，唯一的儿子考大学时差了3分。班主任找到苏海清两口子，希望能让孩子再复读，说来年孩子一定能考上大学。可是儿子却说，即使他考上大学，以家里的经济状况也供不起，所以他直接打消了上大学的念头，外出打工补贴家用。每当提起这件事，李桂英都对孩子充满了愧疚。

在邻居们眼中，李桂英是个大好人，提起她照顾公公和身体患病的大伯子、小叔子的事，更是一个个竖起大拇指，称赞不已。邻居苏海林说："一个女人家真是太不容易了，俺看着都心疼，她真是个好儿媳、好嫂子！"

在她的带动下，她的子女们也很懂事，主动帮着承担照顾病人的重担。2013年，李桂英一家搬迁到同进村，小叔子和公公依然由她照顾，大伯子因身体原因留在老家，由她的几个女儿照顾。

34年如一日，李桂英用一颗善良、朴实的心，挑起了这个家的"大梁"，成了一家人离不开的主心骨。公公苏彦福今年已是98岁高龄，每每谈起李桂英，他总是含着眼泪说："要不是她，俺们都没法儿生活下去。"

李桂英体重不足100斤，可小叔子苏海祥150斤，由于小叔子肌肉萎缩自己一点儿劲儿也用不上，李桂英每次给他穿衣服、翻身，都累得满头大汗。

为了让小叔子能起身多活动，李桂英亲手缝制了一块长一米多的睡垫，放在小叔子的左胯下。"这样俺只要把睡垫的两头使劲儿一拉就能把小叔子扶起来了，不像以前，俺一个人拉他的两条胳膊得好半天才能让他坐起来。"李桂英说，就是遭再大的罪，也得把小叔子护理好，这是她和全家人的心愿。

34年，是多么漫长！连小叔子苏海祥都不敢想象她是怎么熬过来的。今年49岁的苏海祥只比李桂英小一岁，说起嫂子，他数次哽咽，热泪盈眶："俺在炕上躺了30多年，是嫂子给俺端吃端喝，俺遇上了一位好嫂子！她待俺比妈还亲！"

李桂英说：“现在儿女都已成家，民政部门也给家里人办了低保，俺可以稍稍歇口气了。俺还有个心愿，希望将来能有两个孙子，到时可以过继一个孙子给小叔子，等俺们老了，照顾不动小叔子的时候，好有人继续照顾他。”

受母亲言传身教的影响，已长大懂事的儿女们也像李桂英一样关心、照顾着爷爷、大伯和叔叔，和谐的笑声经常从这个乡村人家的小院传出……

好人365 编辑感言

“孝老爱亲”，既孝老又爱亲。李桂英是一位“好嫂娘”，在34

年里每天悉心照顾患病的亲人，她是邻居眼中的大好人，是儿女眼中的“天”和榜样。李桂英用她的实际行动诠释着家的责任，诠释着亲情大爱，她身上的美德力量影响着周围的每一个人。（贺　宏）

好人365 网友点赞

上海网友：“好嫂娘”李桂英孝老爱亲的故事让我们懂得，什么是真行孝。

广东网友：李桂英的事迹说明，好人就在我们身边，好人不一定要做轰轰烈烈的大事，一点一滴的小事也能成就好人。

仁义孝子王百根

种树者必培其根，种德者必养其心。

——王阳明

王百根用自己的大半生先后赡养了7位老人。66年来，7位老人在他的悉心照料下，颐养天年，无疾而终。

20世纪30年代，王百根出生在河北省廊坊市文安县口上村一个远近闻名的品德高尚之家。他的高祖是民国时期被当地政府授予“济世活人”的名医，良好的家庭教育使他从小就养成了尊老敬老的道德品质。

由于他是家族唯一的男丁，几个家庭就守着他一棵独苗，所以取名叫“百根”。那些年月，爷爷去世早，留下奶奶；二爷二奶奶、三爷三奶奶成家后也都无儿无女；在百根12岁的时候，他的父亲因病去世，撇下母亲；叔叔结婚一年后去当兵，一直下落不明，剩下婶子一人。从此，他便与这7位老人相依为命，走上了长达66年的孝义之路。

王百根的日子从来没有富裕过，但不管生活多么艰苦，他总在尽心尽力地照顾老人。三年困难时期，百根的叔叔依然没有音信。

一天，婶子的娘家看他照顾这么多老人，为了给他减轻负担，便把婶子接回了娘家。百根下地干活儿回到家后，邻居跟他说：“你婶子被她娘家人接回家了，不会再回来了。”他一听，整个人都傻了，坐在地上号啕大哭。父老乡亲看到百根这样难过，纷纷给他出主意，让他赶紧去接婶子。百根急忙跑到了婶子娘家，见到婶子，娘儿俩抱头痛哭。百根哭着对婶子说：“老婶，你是怪我没有照顾好你吗？为什么要离开咱家？”当即他就请求把婶子接回去，他跟婶子娘家人保证说：“你们放心吧，我把俺婶子当亲妈一样看待，有我一口吃的，就绝对不会饿着我婶子。”婶子娘家人看百根对婶子这么孝敬，也就放心地让他把婶子接回了家。

来到王百根家，首先映入眼帘的是门匾上“忠厚传家远”五个字，院子的屏风上面刻有“勤俭持家、敬老爱幼、睦邻亲友、正心立德”四句话，这些字都是王百根写的，同时也是他的家训。

百根的老伴儿告诉记者，她的婆婆84岁去世，三奶奶87岁去世，婶子98岁去世。村里人说，前几年老人们都在世的时候，来王百根家，总会看见一个炕上坐着三个老太太，心里都会觉得暖暖的。在王百根的悉心照料下，老人们心情愉快，身体健康，直至黄发鲐背，无疾而终。

当被问到赡养这么多老人，会不会偶尔也会觉得麻烦时，他立刻摇了摇头，说：“我婶子身体一直很好，90岁的时候还能缝缝补补做点儿事。”王百根的婶子在去世的前一年摔了一跤，后来一直卧病在床，家里人少不了伺候，王百根的孩子们考虑到他和老伴儿都上了年纪，想把王百根的婶子接去照顾，都被他拒绝了，他只淡淡地说了

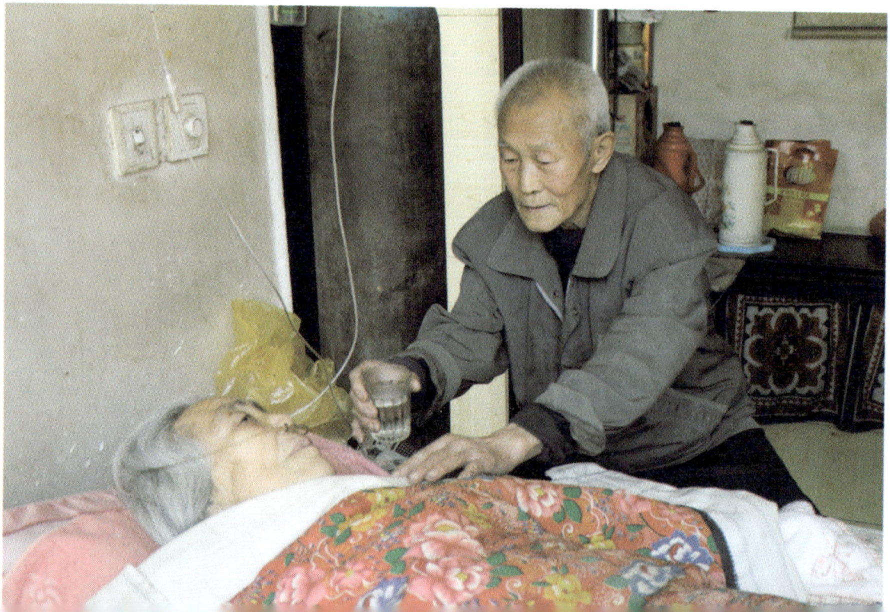

一句："我还能伺候。"

如今，王百根的小女儿都已经当了奶奶，谈到王百根婶子的时候，她动情地说："我是二奶奶一手带大的，前几年她还跟我说，'孩子啊，我特别知足，老了有你们伺候我，还看了这么多辈人，咱家是五世同堂啊！'"

这几年，百根家逢多事之秋，日子并不顺当。二儿子脑干出血，他说"还挺好，我儿子一点儿都不糊涂"；三儿子出车祸，他说"还挺好，人没事，国家还给照顾吃了低保"。谈话中，他用的最多的三个字就是"还挺好"。这个80岁的老人，非但没有被困苦的生活压倒，反而充满了对社会对国家的感恩和对人生的知足。

王百根用66年传承家风，使7位老人颐养天年、尽享天伦；用66年恪守孝道，给了7位老人一个安定幸福的晚年；用66年践行了中华民族孝老爱亲的传统美德；用66年对待生活乐观的态度，将孝道的种子播撒在每个人心间。

"老吾老，以及人之老；幼吾幼，以及人之幼"，这是一种博大的人间大爱。有了这种无私的大爱，人间何处不春风？有了这种博大的道义，生命何处不灿烂？有了这种品德的胸襟，人生何处不温馨？这是尊老爱幼的最高境界，也是孝道所追寻的终极目标。如今，王百根孝老爱亲的感人故事在当地广为传颂，十里八乡的群众无不交口称赞。

编辑感言

孝可能有千万种表现的形式，归根结底还是贵在“坚持到底”。留在史册、传在坊间的孝的故事，哪一个离得开“坚持”二字？也正是因为“持之以恒”，孝的美德才能源远流长，成为传统。66年，两万多个日日夜夜，时间把王百根锻造成熠熠闪光的孝的典范。讲孝道、行孝道，我们时时刻刻都在提倡，其目的不仅是要铭记在心间，更要付之于行动。（王 楠 文聿明）

网友点赞

宁夏网友：这样的好人应该让所有子女好好学习，传承他的美德，发扬他的精神。

黑龙江网友：孝道需要真情付出，需要心灵投入，需要品格支撑，需要时间检验，这些，年过八旬的王百根都做到了。

欧洲网友：百善孝为先，当我们在为梦想坚持的时候，不妨把孝顺带上，一起前行！

相亲相爱六兄妹

大凡处家庭骨肉之间，或有耗费之处，如疾病、颐养等事，皆不可稍有吝惜，必智竭能索以经营之。万一不测，后悔无及。……要知财货无而可以复有，骨肉死则永不复生。

——刘光第

照顾李金康这样的瘫痪病人，兄妹五人坚持了40多年，大家有钱出钱、有力出力，齐心协力从不计较。李金康笑容的背后凝结的是骨肉兄妹几多血汗与真情。

1969年的夏季特别热。跟着二哥到崇明乡下生活的17岁小伙子李金康难耐酷暑，与小伙伴们一起爬上农家屋顶当作跳水平台。正当李金康想往下跳到河里去游泳的时候，意想不到的事情发生了：屋顶跳水平台上的泥巴过于湿滑，使得李金康还没有跃起就从屋顶跌了下来。

经诊断，李金康第四和第五节脊椎粉碎性骨折，医生惋惜但又无可奈何地告诉李金康的家人：他将终身瘫痪在床。李家人怎么也想不到，这个孩子会有如此厄运。

年轻的李金康瘫痪以后，他的父母和五兄妹都义不容辞地担负起了照顾的重任。大家有力出力、有钱出钱，为这个骨肉亲人的医疗和生活付出了人世间最为可贵的亲情。

1984年和1998年，李金康的父母相继去世，五兄妹的倾心照顾一天也没有间断过。期间李金康做过六次手术，医药费到底用去多少，谁也说不清楚，都是五兄妹默默地承担着。五兄妹间有个不成文的约定：不排“轮流照顾表”，不平摊费用，一切“顺其自然”地出钱出力。另外还有一条，就是自己的配偶对于病残的李金康不能有嫌弃之心。在这个约定之下，李金康享受着亲人们无微不至的关怀。

李金康有两个哥哥，还有一个姐姐和两个妹妹。正因为有他们，这个瘫痪已经46年、身高一米八的大个子身上始终清清爽爽。五兄妹无微不至的照顾，让他“笼罩”在浓浓亲情之中。他常说：“没有他们，我的人生早就‘打烊’了。”

李家六兄妹除了李金康，都成了家、立了业，有的事业有成，有的家庭也有困难，但是常年躺在床上的李金康永远是大家心中的牵挂。

姐姐李金钗的家在徐汇区龙华街道华容居民区，买房的时候李金钗就决定把朝南的房间给弟弟住。尽管每年李金康都要被二哥接走好几次，每一次都要住上好长一段时间，但是这张最好的床位，就是空着也不会被任何人占用。按照姐姐李金钗的话说，这是自己与丈夫约定的弟弟专用的床位。

李金康的大哥李金木虽然年纪大了，行动也不像以前那么利索了，但是，他也常常是不请自到地前来照顾，积极参加家庭聚会。两

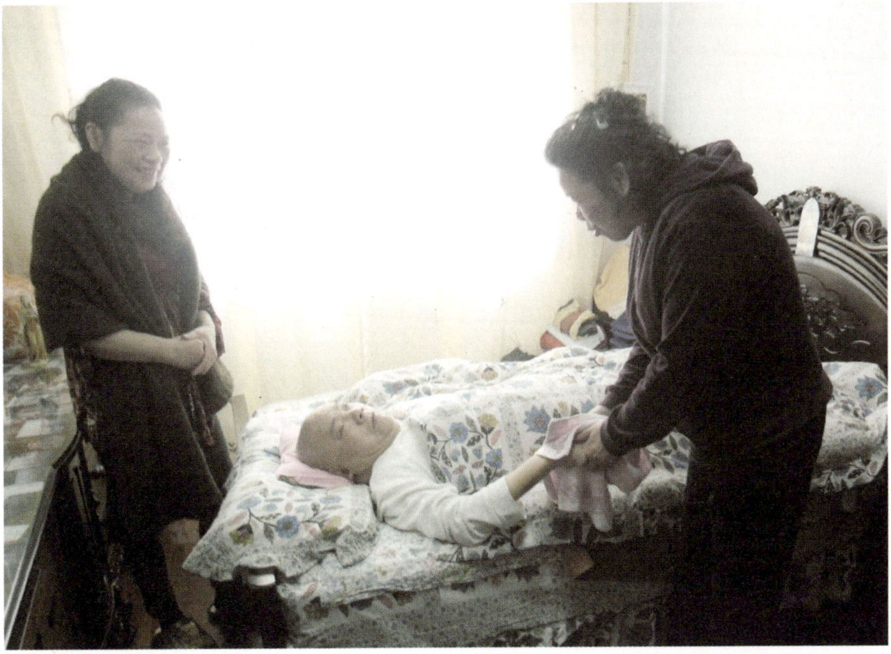

个妹妹也都有了孙辈，但是只要三哥李金康有需求，妹妹们就会义不容辞地过来帮助。

二哥李金森的照顾更是令人感动，一个老板高价聘请李金森前去负责一个项目，而李金森开出的唯一一个条件就是“我要带着弟弟一起过来”。考虑到李金森是难得的人才，这个老板就同意了，于是李金康在二哥工作的连云港市也有了第二个家。李金森说：“我们家没有什么‘高大上’的家训，我们只知道兄妹之间就是一个小整体，谁有了困难，都要尽其所能地帮，这也是从小父母给我们的教导。为了亲生骨肉兄弟，我们无怨无悔。不要说46年，就是100年，这种亲情之爱也要延续下去。”

一大家子人还隔三岔五地陪李金康出去旅游，他们的足迹已经遍布上海各个景点以及江浙和福建等地。李金康爱吃海鲜，大家就会千方百计地买来，开个小灶，让李金康吃得满意。五兄妹的悉心照顾，给了病中的李金康“好好地活下去”的信心。

随着李金康年纪增大，眼睛老花了，报纸看不清了，在家人无微不至的照顾下，病榻上的李金康学会了用手腕（手指失灵）玩电脑。看新闻、下载电影、玩游戏，让原本孤寂的李金康的病中生活逐渐丰富多彩了起来。

更让李金康开心的是，他学会了用QQ与五兄妹视频聊天。每天天一亮，睡醒的李金康就会打开电脑，与五兄妹问好，询问情况，互相交流：谁要出门买东西了，谁要出去干些什么了。而李金康有什么需求，也会通过QQ联络兄妹，问题往往很快就能够得到解决。

李金康居住的华容小区居委会也经常提供帮助。尽管李金康的户籍不属于本小区，不能够享受相关的帮扶政策，但是小区居委会依然想方设法给予帮扶。居委会干部郭瑞银和李金康的姐姐李金钗成了好朋友，李家要借个轮椅什么的，很快就会送去。

为了给行动不便的李金康更多的亲情相聚机会，家里人还有个规定：大家相聚过节。近年来，尽管兄弟姐妹之间相继玩起了时髦且便捷的QQ，想见就见，想说就说。但是，李家兄妹还是觉得QQ的视频对话比不上直接见面相聚来得贴近、来得亲切。于是，每年的元旦、春节、劳动节、中秋节、国庆节等节日都成了李金康一家团聚叙情的好机会。

2015年元旦，李金康的二哥李金森、大妹李金存再次把李金康“抱”上车，由二哥李金森驾驶，用“专车”送李金康到上海的“家”——姐姐李金钗家。李金钗早已整理好床铺、准备好一切等候他们的到来。元旦那天上海很冷，气温接近零度。而李金康又恰逢身体欠佳，胃口不好，疲软无力。因此，李家兄妹们围着李金康嘘寒问暖，呵护备至。为了让弟弟在上海生活得舒心，姐姐李金钗夫妇俩变着法儿给他换口味，尽量让弟弟吃得满意。每天弟弟醒来，姐姐都会第一个过来问：“想吃什么啊？姐姐这就去买。”当弟弟说想吃鳜鱼时，李金钗二话不说，就到市场上买来鲜活的大鳜鱼，做成弟弟最爱吃的松子鳜鱼，让弟弟李金康大快朵颐。

在上海过节，一个最大的项目就是大家陪着李金康乘坐二哥驾驶的“专车”看上海。到外滩看东方明珠、看金茂大厦、看环球金融大厦、看苏州河的夜景，每次李金康都十分兴奋。他说，上海不仅有着日新月异的发展，更有让他感动的亲情，而且这种亲情是感天动地的人间最珍贵的深情厚谊。李金康还说，家里人每年安排在节假日搞个“大团圆”的深意就是要让这个家更加团结，更加亲密。而二哥的话更是实在：“只要弟弟开心、满意，我们每年来来回回地接送，心里也是乐滋滋的。”

随着兄妹们年龄逐渐增长，大家也会感觉到身心疲惫。于是，五兄妹都不约而同地想到了教育下一代，让下一代来“接力”。就在元旦的聚会上，大哥李金木对兄妹们的“第二代”讲出了“侄子和外甥”们也要出一把力，对“叔叔”和“舅舅”帮一把的想法，立即得到了“第二代”们的热烈响应。大侄子第一个表态：我们年纪轻，有的是力气，经济上也不差钱，叔叔需要什么尽管说。侄子和外甥们发自内心的话语，令李金康和他的兄妹们十分欣慰：照顾李金康“后继有人”啦！

好人365 编辑感言

李金康是不幸的，17岁时瘫痪的厄运降临在他身上；但是，李金康又是幸运的，46年来，他的五个兄弟姐妹，给了他一个和谐温暖的大家庭。“不离不弃照顾你一辈子”，承诺一句，践诺一生，而且随着时间的发酵，这种爱和责任不断地生发出越来越大的涟漪效应，影响到后辈，扩散到社会。（李雪芹）

好人365 网友点赞

湖南网友：血浓于水的亲情让人感动，当年的一句承诺恪守至今，他们用自己的行动告诉亲人，告诉社会，世间有爱。

上海网友：六个兄弟姐妹，组建一个和谐的大家庭，患难见真情！

竹板搭起『孝心床』

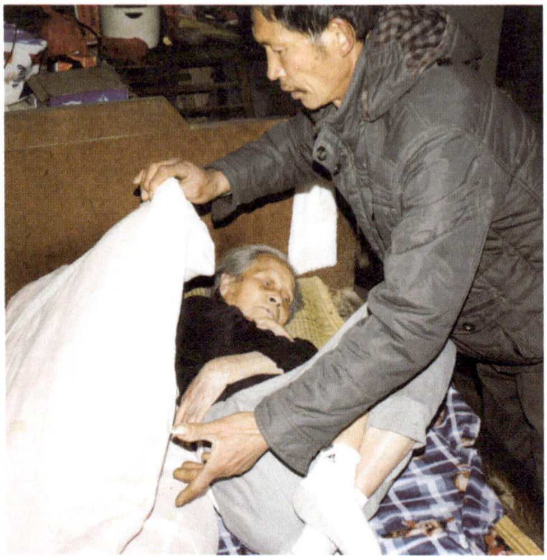

慈孝之心，人皆有之。

——苏　辙

马德善，一个年近花甲的女婿，无微不至地照顾瘫痪的岳母9年多，吃、喝、拉、撒、睡，从没有怨言。正如他的名字，有“德”有“善”。

马德善，1955年5月出生，浙江省临海市杜桥镇六亩洋村人，被评为台州市“十大贤孝”人物、第三届临海市民间道德典型。9年多来，花甲女婿马德善悉心照顾岳母的事迹，在六亩洋村一带传为佳话。

六亩洋村挨着山，村民靠山吃山，做扫帚和种一些经济作物是村民的主要经济来源。时光回到2006年年底的一天，本应在家里烧晚饭的马德善的岳母葛玉花突然“失踪”了。吃晚饭时，还是不见人，马德善一家急了，到处打听葛玉花的下落。当时天已黑，马德善和几个热心的村民，一起打着手电筒找人。原来老人在坑头山上砍柴时摔倒了。当夜，马德善和家人一起把葛玉花送到杜桥的一家医院，随后又转送到台州医院。病情很不乐观，住院大半个月后，家人被医院告知，葛玉花高位截瘫，头部以下几乎丧失了知觉。

葛玉花有三个女儿，两个已经出嫁，马德善也没有更多的费用让葛玉花一直住在医院做康复治疗。医生嘱咐了一些病人日常应注意的事项后，马德善把葛玉花接回家中照顾。

从医院回来后，马德善就把床安在了岳母床边，按照医生的嘱咐，每隔两三个小时就给她翻一次身。有人问：“这样一次次，你想过还需要翻多久吗？”马德善看了一眼“坐”在门口晒太阳的葛玉花，笑笑说：“她在一天，我就给她翻一天。”

9年多，平均每天10次，马德善已经翻了3万多次。一天天下来，马德善已经练就了一项“本领”，只要葛玉花有一丝丝响动，他

就知道，葛玉花需要翻身了。

其实，葛玉花并不能完全像一个正常人一样坐着，她几乎是“躺”在椅子上晒太阳的。她很瘦，头部以下的肌肉萎缩，四肢蜷成了一团。

葛玉花的身体虽然不听使唤，但说起话来，思路还挺清晰。说到马德善夜里也坚持为她翻身，老太太有些浑浊的眼眸，沁出两行热泪。她沙哑着声音说：“德善待我好，实在好……”顿了一会儿，她又喃喃地说：“有时候我想要翻身了，但看他睡得熟，不忍心叫他，事后他常常责怪自己睡过了头。”

现在，马德善夜里睡觉时“警惕性”越来越高，只要老太太一有响动，他就醒了。给老人翻身时，他一只手垫在老太太的腰部，一只手扶着老太太的身体，然后再稳妥地慢慢翻身。

马德善说，老太太最开心的时候，就是自己没去田里干活儿，一整天在家陪着她。比起女儿给她翻身，老太太觉得女婿更加细心。有了女婿的细心照顾，老太太每天都乐呵呵的。

“喂饭、洗漱、大小便基本都只能躺着完成，还得像婴儿一样用尿不湿。”马德善的妻子金莲说，“以前我们睡在二楼，老太太要翻身，我们照顾都来不及，老马干脆就搬下来睡。”

马德善自制的“床”在一楼过道上，紧挨着葛玉花的床。金莲说：“其实就是两条吃饭时坐的板凳，晚上要睡觉就在上面铺竹板和铺盖，白天就把竹板收起来，铺盖放在二楼，留出过道可以走路。”平常她要照看两个小孙子，照顾母亲起居的重担就完完全全落在了老马的肩上。

每天早上5点左右，马德善和妻子就起床了，两人分头给家里的老人和孩子穿衣、洗脸、喂饭、换尿不湿……忙完后，马德善就下地干农活儿，然后还要去后山砍毛竹，用来扎扫帚卖钱，维持家里的日常开销。

83岁的葛计兴是马德善家的老邻居，葛大爷最清楚老马的孝顺。“我常常来他们家串门，每次来，他不是在喂饭，就是在给老太太翻身，或者是一边扎扫帚，一边照看她，照顾得真周到，就像照顾婴儿一样。”葛计兴说，“刚从医院回来那会儿，葛玉花每晚痛得忍不住嗷嗷叫，周围的邻居都为她揪心，马德善更是整宿不睡守在床前。”

2014年7月底，葛玉花重感冒晕倒，当场脸色发黑、舌头僵硬。马德善当机立断，马上包车去杜桥的临海市第二人民医院。因为抢救及时，老人脱离了危险。

回忆起这惊险的一幕，老人一笑而过：“我不怕死，活了这么久，女儿、女婿对我这么好，就算真的走了，我也不害怕。”

葛玉花住院5天，马德善几乎寸步不离。期间，他感染风寒，老人的另一个女婿来照顾了一天。第二天，老马再次走进病房时，隔壁床的老人打趣：“那个人给阿婆翻身，阿婆痛得哇哇叫，你翻身一点儿事情都没有。”“当然，我是老保姆了。”老马笑着回答。

出院后，葛玉花的身体机能没有完全恢复，大小便失禁，次数频繁，一天要换10多块尿不湿，马德善总是细心地为老人擦洗、更换，不厌其烦。“如果没有他们照顾，我不可能活这么多年，就算躺着不动，全身溃烂也烂死了。”葛玉花说。

无论是寒冬还是酷暑，每天为岳母翻身10多次，9年多时间，3000多个日夜，3万多次翻身，没有睡过一晚安稳觉，马德善一直坚持到现在。“他从没算过这些，更没抱怨过。”村民说。

葛玉花的病让这个家庭的经济状况雪上加霜。“我们原本就是靠种田过日子，娘病了9年多，家里的开支已经不小了，还有两个孙子要上学。”金莲说，“上有老，下有小，想外出打工赚钱都不可能。”妻子编织草帽，老马扎扫帚，再种些稻谷和大蒜，全家5口人全靠这些维持日常开销，经济状况捉襟见肘。尽管如此，只要是葛玉花想吃的食物，马德善从不心疼钱：苹果、柿子、枣子……冰箱里放着四五样水果。“娘虽然身体动不了，但胃口很好。”马德善说，“若是饭桌上有猪肉，娘能吃一大碗饭。”

虽然生活忙碌且贫困，但马德善并不灰心，他说：“只要她在世一天，我都会像亲生儿子一样待她，尽力让她过得舒服、开心。”

照顾岳母如此尽心尽责，是缘于什么样的感情？马德善说，自己与妻子青梅竹马，是岳母看着长大的。“岳母为人很好，我小时候家里贫苦，没有吃的，她都会接济我，甚至比对自己的亲生孩子还好。现在老人家失去劳动能力了，我理当好好照顾老人家。”马德善将老人家的这份恩情牢牢记在心里。

马德善更是觉得，自己待老人好，以后两个儿子也会“有样儿学样儿”。“他们会懂得孝顺外婆，等我们夫妻俩老了，也会孝顺我们。”

好人365 编辑感言

9年多来睡在自制的“孝心床”上悉心照顾瘫痪岳母，我们不能不为这位农村汉子的孝心感动。洗脸穿衣、翻身喂饭、嘘寒问暖，这些老人的日常起居，照顾到了，照顾好了，就是孝心。马德善说，岳母待他恩重如山，他理应回报；自己待老人好，孩子今后也会待自己好。

毕淑敏曾在《孝心无价》一文中说：“我相信每一个赤诚忠厚的孩子，都曾在心底向父母许下‘孝’的宏愿，相信来日方长，相信水到渠成，相信自己必有功成名就衣锦还乡的那一天，可以从容尽孝。可惜人们也经常忘记时间的残酷、人生的短暂，忘记世上有永远无法报答的恩情，忘记生命本身有不堪一击的脆弱。”我们身边有各种各样不能尽孝的“借口”和无奈，而老人所求不多，一件温暖新衣、一顿可口饭菜、一次家庭旅游、一次学业汇报、一声电话问候……在“孝”的天平上，它们都等值。行孝要趁早，孝心永远都是进行时而非将来时。（张青玲）

好人365 网友点赞

安徽网友：一个女婿半个儿，亲儿子都不一定做到的，马德善做到了。

山西网友：被这位农村汉子的孝心深深感动。人生最遗憾的莫过于，子欲养而亲不待，在父母健在的时候，及时行孝吧。

推着母亲看世界

上孝养志，其次养色，其次养体。

——桓　宽

年过六旬的谢淑华，以人力板车拉着90多岁的老母亲旅游，用汗水为母亲圆梦，让孝道随车辙延伸……

今年64岁的谢淑华，退休前是江苏省丰县商业职校的一名干部，如今的她事业有成，家里也比较富裕，这些让旁人艳羡的收获，都离不开母亲许美荣50多年前的那个坚持。

“我出生在一个农民家庭，是姐弟六个中的老大，当我到了上学的年龄时，我的爸爸妈妈坚决要把我送到学校学习，使我成为全村200多个女孩子中唯一一个能背上书包，幸运地走进学校学习的一名小学生。记得在上学的第一天，妈妈把我送到学校，拉着我的手语重心长地对我说：‘孩子，你要记住，妈妈只要累不死，只要饿不死，就要供你上学，你要有文化，要有出息。’妈妈的话虽然过去了50多年，可我至今难以忘记，每天都犹如昨天，在耳边响起。那段时间母亲为了让我完成学业，每天早出晚归，背着粪筐，手里拿着镢头，碰到粪便和柴火都捡起来，白天下地干活儿，晚上还要织布纺棉。为了这个家庭和我们兄妹，她付出了最伟大的母爱，付出了常人难以忍受的艰辛劳动。上学时交不起学费，上珠算课，买不起算盘，受到了老师的批评和同学的冷眼相对，放学回家后我委屈地哭了，父母亲看着我受了委屈，也跟着难过地哭了一场。后来奶奶把家里攒下来的仅有的二十几个鸡蛋卖掉凑到一起还不够交学费。邻居李有才大哥给了一毛钱，才把书费学费凑齐了。我也因此更加努力勤奋，在上小学时，由于我学习成绩突出，学校就把我的故事编成快板书在全乡学校会演时演唱，把我作为全乡小学生学习的榜样。快板书的内容是：谢淑华，顶呱呱，五年级里数着她；语文算术双百分，德育、智育都不差……

后来，我成为新中国成立以来我们村第一个大学生，毕业后，成了一名光荣的人民教师。”

“上学时，我家离学校六里路远，妈妈为了我的安全，每天早上送我到校学习，晚上放学再接回，这每天两来两去就是24里路，从小学一年级到六年级的6年中，我算了一下，去掉寒暑假、星期天，妈妈总共接送我的里程，就有5万多里呀！可我今天拉着妈妈才走了2.4万里路，我回报妈妈的里程才是妈妈接送我上学里程的二分之一还不到，别说妈妈给了我生命，就是这5万里路的恩情也是无法回报的呀，真正万里行的是我的妈妈。记得上学时家里穷得连个小闹钟也买不起，早晨起床的时间，只能靠太阳、月亮和星星的方位来确定。有一天下起了大雪，雪映天猜不出时间，妈妈以为天明了，就喊我起床，急匆匆赶往学校。寒冷的冬夜，凛冽的大风裹着雪花，妈妈一手拉着我，深一脚浅一脚地往前走，恨不得一步走到学校，也好进教室里暖和一下。可等到了校门口，校门紧闭，空无一人，妈妈还怀疑自己记错了，问是不是星期天，我说不是。我们娘俩儿在大门外等了好久才听见校园内的钟敲了两下，这时才知道是凌晨两点钟。妈妈怕我冷，就用她的大襟棉袄把我紧紧地裹在怀里，在雪地里站了整整4个小时，直到学校打开了校门，她才拖着即将冻僵的身体，迈着缓缓的脚步离开学校。当我看到妈妈离开学校时的身影，止不住热泪直流。当时我就想，妈妈呀，等我长大了，一定要报答你的恩情！”

时光流转到2013年4月，谢淑华结识了来徐州演讲孝道文化的王锐老师，得知他要组织一个“人力房车”队，拉着父母周游中国，谢淑华当场就报名参加了。为什么非要拉着板车带老母亲出游？家人一开始很反对。老伴儿、儿媳都不同意，谢淑华却解释说：“妈妈愿意出去走走，我就愿意拉着，孝心不能等，我们能走多远就走多远。”更重要的是，就在前两天，老母亲随口一句感叹：“你们都有机会出去旅游，我一辈子就是锅台前转到锅台后。”谢淑华记在了心里。此外，还有一个缘故，谢淑华的妈妈晕车。“一辈子从来不坐车，一坐车就难受。”之前也曾开车带着妈妈去徐州，但上车短短十几分钟，老人就头晕，下车就吐，饭也吃不下。“这次恰逢好机会，五个家庭一起拉车带老人出行，我当然要参加。”就这样，2013年5月，谢淑华说走就走，拉着车带着妈妈从上海出发，一路北上，目的地是北京。

没有电子导航，没有电动助力，靠一本地图册和沿路问人，谢淑华和其他五个家庭一起开始了“房车”之旅。他们用肩背着纤绳，双手拉着车载着妈妈，以每天80里的速度行走。这辆名为“感恩号”的车是由上海一家爱心企业捐赠的特制“房车”。“房车”长约2米，宽约1.5米，高约2.2米，里面放着被褥、简易炉灶、修车工具，还有老人爱吃的面条、煎饼、肉酱，车底垫了4层海绵垫。可以说，这“房车”麻雀虽小五脏俱全，白天是交通工具，晚上就是“旅馆”。上海东方明珠塔、南京玄武湖、河南少林寺……每到一处，老人们总是笑呵呵的，十分开心。43天，行走了3500多里，车队顺利抵达北京。当到达天安门广场时，看到妈妈满脸的兴奋，谢淑华终于舒了一口气，“我的心里从没有那么满足过，因为我从没有见过妈妈那样开心，笑容那么灿烂。”

2013年9月17日，有了经验的谢淑华愈战愈勇，从北京转而向南，2014年1月11日成功抵达祖国的最南端——海南岛——她要让过惯了寒冷冬天的母亲感受一下冬天的温暖。

一路上，无论北上还是南下，谢淑华抬头拉车，老母亲沿途看景。她们经常早上5点多就起床，平均每天行走近百里，赶不到饭店，就支锅生火，自己做饭，有时也拿方便面对付一顿。

走郑州，少林寺里诵佛经；到武汉，户部巷中吃热干面；在长沙，橘子洲头看毛主席像……每到一处景点，老人都兴奋得像个孩子，眼睛里充满了好奇，生怕漏看了什么。去年重阳节，谢淑华的母

亲许美荣第一次见到黄河，“在河上坐了船，还在船上吃了饭。黄河土鱼好吃着哩！”老人高兴地说道。现在，老人的精神状态很好，只是有些耳背，一提到女儿拉着她出来旅行的事，就高兴得合不拢嘴：“开心，一路风景很好！就是心疼我女儿，脚上磨了那么多泡。”

“我拉着妈妈走天下，本意是想让妈妈看看这个世界，现在变了，我的目标是向全国人民弘扬孝道。”谢淑华说，走遍大半个中国以后，她的想法已经有了很大提升，以前想到的是孝敬自己的母亲，现在则是“老吾老以及人之老”，希望用行动把孝敬老人的观念传播出去。

在为期三天的访韩行程里，谢淑华母女还走进了学校，与学生们沟通交流。“孝心不能等，父母照顾孩子，不论是中国还是外国，都是一样的。老人希望孩子能好，我希望韩国的孩子们不是学习我们的方法，而是学习我们这种精神，抽出时间多陪陪生养咱们的父母。让父母在当下多一点儿幸福、少一点儿遗憾，多一点儿快乐、少一点儿烦恼，让他们过上一个安详的晚年。”谢淑华把这样的寄语送给中韩两国的年轻人。

好人365 编辑感言

在拉车休息的间隙，谢淑华喜欢用日记来记录旅途中的感受。在日记里她写道：“金山银山不如给母亲一座靠山，给母亲再多的钱不如给母亲一个笑脸。我要让母亲笑得最开心！”时代在变，“孝”的内涵未变。不同的生活背景下，人们选择的尽孝方式也不尽相同，但每种孝道都传递出一种幸福的滋味。比如，我们可以带着父母去唱歌或健身，看戏或逛街，洗脚或旅游，甚至只需我们的陪伴。这些，在普通人眼里都不算难事，但实实在在的行动，却传递着子女与父母之间的亲情和温暖。（王　钰）

网友点赞

山东网友：拉着板车带母亲游历祖国山川，看风景的人，成了别人眼里最美的风景。

好儿郎弃高薪倾力侍母

人生所同有者，良知也；孩提知爱亲，稍长知敬长。

——孟　子

“80后”的湖南小伙儿彭程，辞职侍奉母亲。“我为瘫痪的母亲言语，我为久病的母亲行动。”这是彭程的心声。

彭程家住湖南省株洲市天元区马家河高塘社区。母亲原是小学老师，父亲在外打工赚钱，家境虽不富裕，但日子也还过得去。不料天有不测风云，2005年8月的一场车祸，导致父亲脑部受创，也使母亲受到打击患上痴呆症。后来，在亲朋好友的帮助下，父母得到照顾，彭程自己也在2006年考取了西南大学，让父母得到了一丝安慰。

参加完大学开学典礼，彭程就将家中的情况告知辅导员，并决定休学一年照料家庭。在他的努力下，父亲不用卧床，母亲也可以简单照料自己的生活了，彭程这才回到学校继续自己的学业。就在毕业答辩前一个月，父亲突发脑溢血，为此彭程只能推迟一年毕业。家里经济条件差，大学四年的学杂费都是彭程通过助学贷款或打工赚取的。

2012年毕业后，凭借良好的美术功底，重庆一家知名培训单位向彭程抛出“绣球”。刚踏入社会，月薪就超6000元，这让不少同龄人羡慕不已。然而当他国庆节回到家，得知母亲病情加重，已经下不了床时，想也没想就辞掉工作，送母亲去医院治疗、照料她的生活起居。

辞职以后，彭程肩负起照顾母亲的重任。母亲已经大小便失禁，每隔一两个小时，彭程就要给她换一次尿不湿，并为她清洗身体。

2013年10月，彭程的母亲再次住院。瘫痪的母亲，成为彭程生活的重心。早上7点起床，为母亲买早餐，为母亲翻身、擦拭、按摩，然后赶紧去洗母亲换下来的衣服，又接着买午餐。回家照顾母

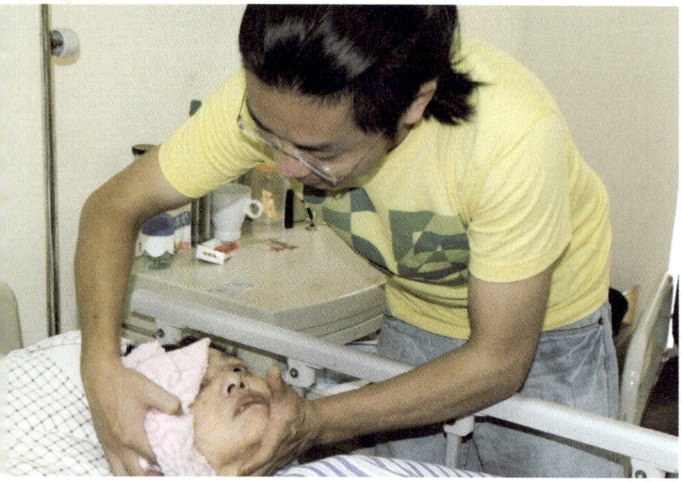

亲后，彭程没有再外出找过工作，他也无法工作，如今他和母亲的生活费、母亲的治疗费，全靠母亲1000多元的退休金。母亲病情加重，需要动手术，10万元的资金缺口让彭程无能为力。“我想回到家能有个人听我叫她一声妈。”彭程说，他可以捐掉自己的肾或者肝，然后用所得的钱维持母亲的生命。

在此期间，父亲突发高血压、脑溢血。“那时候，医院病房的2号床住着母亲，3号床住着父亲。”父亲终究没有熬过第四个月，于2014年年初匆匆离世。

“现在我最亲的人，只剩下母亲一个了，我一定得竭尽全力，好好照顾。”悲伤不已的彭程一有时间就到处翻查资料，询问医生。

在高塘社区简陋的家中，彭程有一间小小的工作室。“幸好这几天有志愿者在医院帮忙照顾母亲，我才能抽出时间创作这幅画。”他指着画布上未完成的作品说，“这幅画叫《母亲》，我计划用一个星期画完，再拿到中心广场去展示。我想卖画救母，筹集做手术的费用，也想通过这幅画体现我的绘画水平，靠自己的专业来接业务、来谋生。”

2014年7月5日，两位爱心人士来到株洲市中心医院，找到正在照顾母亲的彭程，将3000元的善款交到他手中，临走前坚持不透露姓名。彭程所在的高塘社区，也募集了6000余元的爱心款。这些钱是当地爱心人士一起捐助的，社区工作人员说："大家乡里乡亲，有困难帮忙是应该的，他照顾妈妈的这份孝心也感动了我们。希望他能撑下去，加油！"不少株洲市民纷纷打电话询问彭程的困难情况，表达关心并表示捐款意愿。

幸福是什么？在彭程的心里，幸福是："父母不能言语，我为父母言语；父母不能行动，我为父母行动。"他说："我一直在镇上读书，直到高中才来市里，父亲跟我讲了很多为人处世的道理。以前没有过多体会，后来似乎慢慢地懂了。人要懂得感恩，父母身体出现问题，为人子女必须倾力照顾！"

好人365 编辑感言

沉香救母、目连救母……从小我们听过许多救母的故事，内容大抵是受困者多难，施救者弱小，凭借着"孝"的神力，念念不忘，坚定不悔，最终都能感天动地，甚至让神明动容。再看彭程的故事，我们发现，几千年来流淌在中国人血液里的美德，日益沉淀、越发香醇，根脉深深地嵌入心灵深处，成为不可抹去的印记。我想，这些美好的动人故事还会一代代传下去，滋养着我们的精神。（刘星星）

网友点赞

湖南网友：彭程，你是好样儿的！你就是我们的榜样，是当代的精神楷模！

欧洲网友：百善孝为先，真心为他点赞，真心佩服他的孝心。

父子接力演绎邻里情

博爱之谓仁。

——韩　愈

一名普通的退休职工，受好友临终重托，抚养一名失去父母的智障孩子。十几年来，他们不是父子，胜似父子。这对于家庭并不富裕的陶留碗来说，需要很大的勇气和爱心。

今年46岁的丁正国，天生智障，智力仅相当于三四岁的儿童。今年71岁的陶留碗，是西北边疆九师一六八团北区六连的一名退休职工。为了信守当年对丁正国父亲的一句承诺，陶留碗与儿子担负起了照顾丁正国饮食起居的责任，为他营造了一个完整的家。他们之间演绎了一段跨越血缘的亲情。

1959年，陶留碗和丁正国的父亲响应党和国家支援边疆建设的号召，从江苏泰兴一同踏上了西进的征途，来到西北边疆的塔额盆地——一六八团六连屯垦戍边。两家同在一个连队，是前后院的邻居，平时关系就如亲兄弟一般，由此注定了两家割舍不断的情缘。

丁正国的母亲因为智力障碍，日常生活小事都无法料理，家庭生活的重担都落在了丁正国父亲的肩上，而丁正国的父亲患有白内障，视力丧失，家庭生活十分艰难。当年陶留碗家的经济也不宽裕，但他还是隔三岔五地接济丁正国家，经常从自家拿出馍馍、大米、蔬菜等送过去。

2000年，丁正国的母亲去世，不久他的父亲又不慎把腿摔断，完全丧失了劳动能力。这对于智力障碍的丁正国来说犹如雪上加霜，他像折翼的小鸟，瞬间没了依靠。

从此，陶留碗和妻子严素梅像对待自己的孩子一样照顾丁正国的生活。严素梅说："丁正国这孩子从小就可怜，我们两家既是同乡又是邻居，怎么能不管他呀！我们经常到丁正国家，帮他料理家务，做饭、洗衣服。他也经常到我家来玩，想吃什么我就给他做。冬闲的时候，陶留碗还会带着丁正国到处转转，日久天长，丁正国对我们家有了一份特殊的感情。”

日子一天天过去，丁正国父亲的身体一天不如一天，他不得不为丁正国将来的生计担忧。2001年10月的一天，丁正国的父亲把陶留碗叫到家中，对他说：“我快不行了，等我死后，丁正国就托付给你了。”陶留碗毫不犹豫地答道：“你放心，只要我活着，我就会养他，我们家也会好好照顾他。”这句承诺，成了陶家父子对丁正国一生的责任。

2002年1月，丁正国的父亲去世，陶留碗把丁正国领回了家。当时陶留碗的大儿子陶武华有些不理解：“自家的经济条件就够拮据了，我和弟妹们一年四季也只有过年才能盼着吃顿好饭菜，换件新衣裳，现在父亲又领回个‘傻子’，这日子还怎么过！”他生气地对父亲说：“你要养他就自己养，以后不要找我们的麻烦。”看着丁正国茫然无助的眼睛，陶留碗老泪纵横地说：“我答应他父亲要好好照顾他，怎么能说话不算数！”看着善良的父母，陶武华接受了丁正国成为家庭一员的现实。自此，陶家两代人十几年如一日不离不弃地照顾着智障的丁正国，用自己的大爱为丁正国营造了一个遮风避雨的港湾，让他感受到了家的温暖。

“我们既然养了他，就要对他像亲生孩子一样。”陶留碗说。这么多年来，他们花在丁正国身上的心血，比花在自己孩子身上的还要多。十几年来，陶家像照顾小孩子一样呵护着智力残疾的丁正国，每年都要给他买几套新衣服，经常帮他洗澡、理发，平时有好吃的都会给他多留一些。丁正国喜欢到连队职工家串门，陶留碗害怕他找不到家走丢了，每次都满连队地到处找他。

疼爱自己的孩子是本能，真心对待别人的孩子是一种神圣和崇高。陶留碗、严素梅给予丁正国的爱就是这种神圣和崇高的爱。2009年，丁正国因为感冒、高烧不退住院，陶留碗在医院楼上楼下跑着给他交医药费办住院手续。住院的七八天里，陶留碗每天从家里骑自行车三趟往返20多公里给丁正国送饭，他人都瘦了一圈。他说："丁正国就是我的孩子，他知道谁对他好，他也知道感恩。"陶留碗对丁正国的好，都被丁正国记在了心里，闲暇时丁正国会在陶留碗身边蹭来蹭去，一会儿从背后搂着陶留碗的肩膀，一会儿摸摸陶留

碗的头发，十分亲热。

因为智力低下，丁正国常常犯错误。有一次，他把陶家库房里的饲料和农机具配件偷偷拿去低价卖了。陶武华一气之下狠狠批评了丁正国。丁正国知道自己犯了错，竟然离家出走了。陶留碗发动全家人在周边连队到处寻找，两天后，在一个废旧的羊圈里找到了蓬头垢面的丁正国。陶留碗把丁正国紧紧搂在怀里，嘴里不停地说："你丢了，我咋跟你爹妈交代呀！"

这几年，陶留碗的身体很不好，经常需要住院治疗，为了方便就医，孩子们给陶留碗在团部购买了一套楼房。搬家前，陶留碗老泪纵横地对陶武华说："我到团部住，最放心不下的就是丁正国，你可得帮我好好待他呀！"他又把丁正国拉到身边说："孩子，爸爸老了，不能好好照顾你了，以后你要好好听你武华哥的话，不能瞎淘气，爸爸一有空就回来看你。"

自陶留碗搬到团部居住后，陶武华和妻子也像父母一样，悉心照料着丁正国的饮食起居。陶武华说："丁正国虽然有点儿智障，但也有尊严，现在我们就是他的亲人，我要接好父亲手中的接力棒，把父亲当年的承诺履行好。"

陶武华的妻子说："做人得讲良心，丁正国在我家，我们吃啥他吃啥，对他像亲人一样。每年过年，我们从头到脚给他买上一套新衣服，他高兴得跟娃娃一样。"

承诺是肩负的一种责任，它用爱让生命得以延续。陶家两代人用自己的行动见证着承诺，用一颗仁爱的心让丁正国的世界不再孤独，用责任让脆弱的生命变得坚强。

好人365 编辑感言

一个人做点儿好事并不难，难的是一辈子做好事，难在“坚持”二字，然而，陶留碗一家做到了。一句承诺，担负起一生的责任；一份真情，跨越血缘亲情。父辈之间的一句承诺，见证了两代人的仁心故事。他们用持之以恒的坚守和真情，为一个病残的生命送去了春天般的温暖，也让自己的人生变得更加精彩。（张青玲）

好人365 网友点赞

浙江网友：一句承诺一生坚守，善良的陶家人，值得赞扬。

上海网友：邻里相帮，人心朴正，社会和谐，陶留碗是我们每个人心中的好邻居！

相濡以沫夫妻情

在天愿作比翼鸟，在地愿为连理枝。

——白居易

王世所40多年如一日照顾着瘫痪的妻子，苦难中蕴含着坚贞，让生命出现了奇迹；坎坷中酿出的真情，谱写了婚姻的神话。

人们都说患难见真情，妻子曹振英和丈夫王世所的真情在40多年前就早已得到见证，至今未曾改变，被人们誉为“婚姻的神话”。1970年，曹振英和王世所牵手开始了他们的婚姻生活，虽然日子艰苦，但两人觉得很幸福。第二年，曹振英怀孕了，还沉浸在喜悦中的王世所接到一纸调令，被单位派到千里之外的水城工作，就这样与妻子千里相隔。在那个物资匮乏的年代，再加上微薄的经济收入，曹振英根本没有能力养好身体，一米六五的个子，临产前还不足50公斤。

因为丈夫不在家，曹振英在农村的母亲家生产，可是她当时病得非常虚弱。曹振英回忆说：“生产时，接生医生让我用力、用力，可我根本使不上什么劲儿，折腾了很长时间，拼尽最后一点儿力气才生下孩子，在孩子出生的那一刻，我觉得自己的整个身体都失去了知觉，我能看、能想，但手脚却动不了了。”

产后第三天，王世所才匆匆忙忙地从千里之遥的水城赶到了家，可当他迈进门，看到的却是如一摊泥一样瘫在炕上的妻子和嗷嗷待哺的女儿时，原本喜悦的心情一下子就落了空。虽然家里人都说妻子是生孩子累的，但是王世所始终感觉不对劲儿。后来经医院诊断，妻子竟然患上了一种名叫“多发性病毒性周围神经炎”的怪病。让他更加没有想到的是，妻子这一病居然就是瘫痪40多年。

为了给妻子治病，王世所倾尽所有，四处寻医问药。只要听说有一种方法可能有效，不论天寒地冻，还是夏日酷暑，他都刻不容缓地推着三轮车带着妻子前去。听说附近大屯的白石寨有一位诊所医生，能用针灸的方法治妻子这种病，他便开始每天推着三轮车带妻子去治疗，往返需要3个小时。当时是夏天，他怕妻子晒着，就在车上捆了一把雨伞，而自己却在烈日下一路把汗珠子滴进深深的车辙里。“年轻时身体好，不觉得累。”王世所笑呵呵地回忆。

起初，看着丈夫身上的衣服都被汗水浸透，曹振英并不在意，她只觉得两人从小都是过苦日子长大的，没啥大不了的。“可后来，我发现每次回到家，他都能猛劲儿喝上几大舀子的水。”曹振英说，“听着他喝水的声音，我心疼得要命。”

王世所为了照料病中的妻子，每天清晨4点钟就要起床，生火做饭。每天的第一碗热粥先送到妻子眼前，吹一吹，用嘴试试温度，不热了，再喂给妻子吃。结果自己却总是冷一口热一口、有一口没一口地吃点儿饭，便急匆匆地离开家。王世所说，那时岳母身体还好，白天可以帮忙照顾妻子。每天下班后，他要赶回家洗尿布、洗衣服，还要哄孩子，身兼丈夫、父亲、母亲三种角色。

在曹振英患病初期，丈夫天天都要推她到白石寨治病，而且还带着她四处寻医问药。可每次治疗之后，效果并不明显，曹振英陷入了绝望之中，那时她觉得只有死才能解脱。可看着襁褓中的女儿，曹振英又有万般的不舍。

然而不幸再次降临到这个家庭，10个多月后，女儿因先天发育不足离开了人世。10个多月的女儿是王世所一手带的，那一夜，王世所抱着女儿小小的尸体失声痛哭了整整一夜。他之所以难过，不是因为他10个多月的付出，而是因为那孩子可是妻子几乎付出生命代价才换来的小生命啊，可就这么没了……

失去了自己的孩子，王世所开始“眼馋”别人家的小孩儿。一次在公交车上看到别人抱着的小女孩儿，他回来高兴地向曹振英讲述：“那孩子很漂亮，特别招人喜欢。”

此时，虽说曹振英的病情有了一点儿起色，但生孩子几乎就是要命的事。可一看到丈夫提到孩子时那兴奋的神情，曹振英决定豁出命也要为丈夫生下一个孩子。曹振英将自己的打算告诉了丈夫，却遭到了丈夫的极力反对。王世所说，等你好了，咱们再要个孩子。曹振英劝说：“我这病不知道哪天就不行了，要是能有个孩子我就没有遗憾了，就算满足了我的愿望吧！”

就这样，曹振英在她28岁时，再次怀孕了。临产时，医生见到全身瘫痪的曹振英被轮椅推到医院，惊讶不已的同时，也佩服她作为母亲和妻子的伟大。儿子健康出生的那一天，大家都说，是老天垂怜这个不幸的家庭。孩子的到来也抚平了丈夫的伤痛，一家人有了生活的新希望。

那时，王世所每天都在单位的食堂里吃饭，轮到吃“拼盘”的日子，王世所格外高兴，因为拼盘里除了有咸菜，还会有五片肉。每次王世所都舍不得吃，他小心翼翼地把盘子里的五片肉装在事先准备好的饭盒里，再装进布袋，心想妻子晚上有肉吃了。晚饭时，一小片肉曹振英要嚼到没味道了才舍得咽下去，而一旁的丈夫总是笑呵呵地看着她吃，心想着明天要是再有拼盘就好了。

艰难生活中的王世所夫妇，依然洋溢着幸福的笑容。

到1990年，曹振英已经病了20个年头，全身肌肉已经萎缩，只有右手能活动。经常来看望曹振英的妹妹建议给曹振英做按摩，刚开始时王世所雇了专人给妻子按摩，每次10元钱，坚持按了三个月，可这样的费用对于只有五六百元工资的他来说，根本承受不起。于是，王世所偷偷学艺，自己给妻子按摩。经过10年日复一日的坚持，曹振英萎缩的肌肉都已经被推按开，肌肉恢复了活力，生命出现了奇迹。现在曹振英可以坐着，头部能够活动，有人扶着也勉强可以走两步。

命运似乎在不断地考验这对夫妇的感情，7年前，曹振英又患上了膀胱癌，从此小便失禁。从那时起，王世所每天还要洗20多块尿布，给妻子倒尿袋、透尿道。这对于早已看淡了生命的曹振英来说，根本不算什么。可同她一起经历过无数风风雨雨的王世所却时常从睡梦中哭醒。“妻子可怜，这辈子命太苦了。”王世所满眼泪水地说。好在此时他们的儿子已经长大成人，并在深圳找到了不错的工作，母亲治疗的费用，由儿子全部承担。而曹振英的弟妹们多年来也一直尽力帮助姐姐和姐夫。在大家的努力下，曹振英的病情一直比较稳定。

曹振英曾经无数次地想到过一死了之，可回过头来她又放弃了那个念头。曹振英平静地说：“我现在要好好地活着，他伺候我40多年了，已经没有自己的前途，我不能让他再没了我，不能到老了，我

把他一个人扔下……”

2014年1月13日，公益电影《第101封情书》在鞍山汤岗子新城开机拍摄。电影讲述的是一段永恒的爱情故事，面对妻子瘫痪在床，男主人公并没有“大难临头各自飞”，而是相守挚爱妻子40多年，一直不离不弃、相亲相爱。在多次遭受家庭危机的时候，两个人始终相濡以沫。苦难并没有将两个人的爱情击溃，反而让这个家庭变得更加坚强。而这部影片正是根据王世所夫妻的真实故事改编的。

好人365 编辑感言

“你若不离不弃，我必生死相依。”40多年的坚守，16000多个日夜的不离不弃，深情好丈夫王世所从喂饭到清洗尿布，从理疗按摩到说话聊天，让妻子萎缩的肌肉恢复了活力，让生命出现了奇迹。在他们之间，没有轰轰烈烈的爱情，没有卿卿我我的浪漫，没有海誓山盟的承诺，也没有天荒地老的约定，有的只是淡淡的相守，默默的依偎，以及无怨无悔的付出。王世所的故事，会让一些人看了脸红。这铺满荆棘的40多年，给了离婚案中夹杂的鸡毛蒜皮、婚姻里的无情与背叛、生活中的自私与抛弃一记最响亮的耳光。因为，爱不仅仅是同福共乐，还有一层含义是当爱人发生意想不到的困难时，你能不能替他（她）担当、为他（她）付出。（文聿明）

好人365 网友点赞

宁夏网友：只有忠贞的爱情才会出现奇迹，他们的爱情深深地感动了我们。

欧洲网友：花前月下容易，相知相守艰难；昙花一现不配称之为爱，细水长流才是真情！

孝母亲兄弟

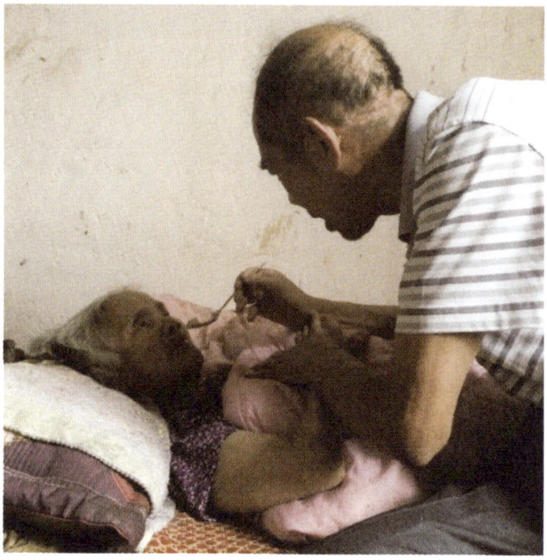

树欲静而风不止，子欲养而亲不待。

——《韩诗外传》

因失火母亲受到刺激，瘫痪卧床。郑忠金、郑法金兄弟俩没有抱怨，更没有弃母亲于不顾，而是用20年对母亲的悉心照料感动了社会。

浙江省嵊州市贵门乡玠溪村是一个偏僻的小乡村，村里有郑忠金、郑法金两兄弟，一个64岁，一个59岁，他俩有一个卧床20年、87岁的老母亲。走进郑家，只见一间60平方米的简陋泥土房，房子没有隔开，放置着三张单人床，除了兄弟俩各自一张外，另一张就是他们老母亲的。

27年前的一天，家里突然失火，烧掉了房子和财产。母亲张水花大受打击，身体也渐渐变差。但为了补贴家用，她经常出去帮人干活儿。“要不是那场大火，母亲可能也不会中风。”郑法金对那场突如其来的灾难至今耿耿于怀。

20年前的一天，母亲张水花去邻村帮人采摘茶叶，一天劳作加上本来身体就不好，晚上睡觉时突然大小便失禁，之后被诊断为中风，虽经抢救保住了性命，但从此只能瘫痪在床。看到母亲受这样的苦难，兄弟俩做出要守护母亲一辈子的决定。

照顾瘫痪在床的病人，需要花费大量人力物力。于是兄弟俩商定：一人在家照顾母亲，一人外出打工赚钱。

一开始，弟弟郑法金去打工，哥哥郑忠金照顾母亲。两年后，弟弟回家，哥哥出去。后来因为哥哥的身体一直不大好，而照顾母亲每天都要帮她翻身，换洗衣物，消耗体力较大，所以哥哥只能在外面找个轻便的工作，让相对身体稍微好点儿的弟弟在家照顾母亲。

照顾母亲时，弟弟郑法金一步也不敢离开母亲，生怕发生意外。因为大小便失禁，郑法金一天至少要为母亲换上五六次尿不湿。除了

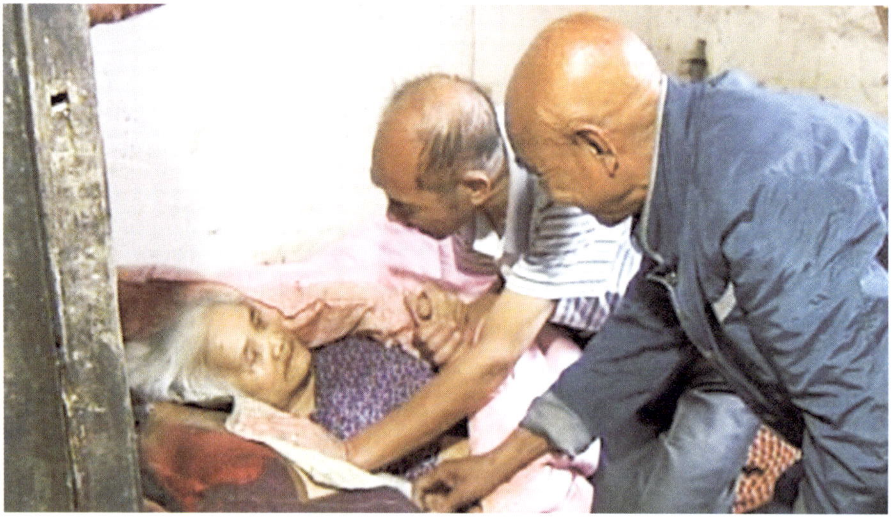

给母亲勤洗勤换衣被外，郑法金还经常给母亲按摩，帮助她活动血脉经络。虽然在床上躺了20年，但张水花身上没有任何异味，气色也相当不错，看不出是一个中风20年的病人。

记者在郑法金家里看到，唯一像样的“家电”就是放在桌子上的绞肉机和豆浆机，这是为了照顾母亲特地买的。因为母亲喜欢吃饺子和馄饨，郑法金就自己做给母亲吃，他说这样既便宜又新鲜。

有一次，87岁的老母亲一个星期什么都吃不下，弟弟郑法金只能喂母亲喝点儿水。“母亲已经十几天没有进食了，一点儿办法都没有。”他担心地说。怕母亲营养跟不上，只能给她兑点儿糖水喝。此时，远在西安打工的郑忠金听闻消息后，立即决定返回家中，母亲的安危是系在他心弦上的第一要事。

哥儿俩最担心的是母亲经常茶饭不思，没有胃口。请医生过来看，也检查不出什么毛病。为了能让母亲吃东西，郑法金变着法儿做好吃的。有一天母亲说要吃鲜荔枝，他赶到40里外买回来。遗憾的是母亲依然没吃，兄弟俩一时也没法儿。

“母亲87岁高龄了，又在床上躺了20年，对于‘走’，我们也有心理准备，但还是希望她能好起来，再活几年，让我们兄弟俩再尽尽孝。”兄弟俩都说，这是他们的一点儿小愿望。

在玠溪村，村民们提起这哥儿俩都会情不自禁竖起大拇指。好多村民表示，其实这哥儿俩自己的身体也不是很好，郑法金患有高血压，郑忠金得了种“怪病”，每天必须吞服藿香正气丸，否则就会出现严重的感冒症状。“如今兄弟俩都上了年纪，一个整年漂泊在外打工赚钱，一个日夜服侍老娘，怎叫人不感动？”村民郑尧仁说。

遗憾的是，就在2014年10月底的一天，郑忠金和郑法金的老母亲永远地离开了他们，兄弟俩想再尽几年孝的心愿没有实现。但是，老母亲走得非常安详，非常欣慰，因为她在垂暮之际，还有两个儿子为了她而奔波忙碌，一个为生活的柴米油盐，一个则是膝前的体恤入微。

俗话说“久病床前无孝子”，而郑法金、郑忠金两兄弟，却用20年的不离不弃，抒写了一部关于“病榻床前有孝子”的传奇，感动了社会，感动了更多的人。百善孝为先，郑氏兄弟带给我们的，除了浓浓的感动，更有深刻的思考：面对日渐衰老的父母，我们该做什么，能做什么？

编辑感言

老人生病并不可怕，可怕的是耗不起的“久病”。可郑忠金、郑法金两兄弟却始终如一、天天如常地照顾瘫痪母亲20年。他们一个在家侍母，一个在外挣钱，两人都从不叫苦叫累，更未动过弃母不顾的念头。孝敬是美德，更是行动，郑忠金、郑法金两兄弟对母亲的爱，感染着我们每一个人：孝敬父母从点滴做起，厚养真敬，不留遗憾。（逯江楠）

网友点赞

上海网友：都说“久病床前无孝子”，这两个孝子用他们的实际行动驳斥了这个观点。

甘肃网友：兄弟俩对母亲的爱，生动阐释了“亲情”这个最温暖的词语。

女警察的『幸福密码』

善人者，人亦善之。

——管　仲

刘怡晴及其家人与晚年孤独的罗裕江夫妇结缘，把两位老人当父母赡养，抒写了“不是亲人胜似亲人”的一段佳话。

今年44岁的刘怡晴，是一名人民警察，年幼时父母双亡，是养父把她养大成人。结婚几年后，因夫妻感情不和离婚，她就与不满10岁的女儿及年近七旬的养父相依为命。2005年，在朋友聚会时刘怡晴认识了章许云。而这时，章许云的家庭也陷入了“低谷”。他的父母于1998年先后离世，而他也已离婚，并且还带着一个女儿。命运就这样将刘怡晴与章许云紧紧地联系在了一起。

2003年7月，在云南省个旧市，“云锡技校”土建专业82届的同学们举行了一次聚会。章许云见到了阔别21年的班主任罗裕江老师，此时的罗老师已两鬓斑白，一脸沧桑，章许云心底不禁浮起一丝怅然。就在这次聚会中，章许云得知了罗老师晚年的一些情况。1999年，罗老师年仅29岁的独生儿子因患恶性淋巴癌去世（其小儿子在6岁时就意外身亡），唯一的小孙女也被儿媳带走了，几年未能见面。罗老师夫妇悲恸欲绝，从此过着以泪洗面的日子。

章许云把老师的情况告诉了当时还是他女友的刘怡晴。“我很明白老师心里的苦。”从小就失去母亲的刘怡晴深知失去亲人的痛苦。

同学聚会后，刘怡晴和章许云便隔三岔五地到50多公里外的个旧市大屯镇看望罗裕江夫妇，嘘寒问暖，陪二老聊聊天、吃顿饭，慰藉他们满是孤寂伤痛的心灵。

第一次见面的时候，罗裕江夫妇精心准备的饭菜让母亲早逝的刘怡晴吃出了久违的妈妈的味道，骤然拉近了刘怡晴与罗裕江夫妇的心理距离，同时使章许云和刘怡晴的感情基础也更加牢固。

随着岁月的流逝，罗裕江夫妇的年岁不断增大，需要有人照管。而刘怡晴和章许云与老师夫妇的感情也越来越深了。一个念头在两位年轻人的心底油然而生："认恩师为父，认师母为母。"

因为此前巨大的打击让罗裕江患上了严重的心脏病，老人曾想做一次全面检查，但此时家里已经欠下了几万元的债务，只好作罢。章许云夫妻俩知道后，二话没说，拿出两万元，把老人送到医院做了全面检查。检查结果是心脏血管阻塞，虽然没必要做心脏手术，但需要长期维持药物治疗。刘怡晴夫妇考虑到两位老人的家离自己生活居住的开远市有几十公里的距离，就医不方便，为了更好地照顾老人，夫妻俩商量着把老人接到身边。当时，这个重组的家庭除了两个女儿外，还住着刘怡晴84岁的养父，如果两位老人再来，房间就不够住了。

"老话常说'子欲养而亲不待'，不能等到老人走了再去后悔。"刘怡晴说，"困难总是可以克服的。"她和丈夫合计后，拿出了家中所有积蓄，又贷了款，在开远市给两位老人买了一套带小院的新房。只要有时间，夫妻俩都会回家陪老人拉拉家常、散散步。

现如今，回想起2007年刘怡晴和章许云在开远举行婚礼时的情景，仍令人感动不已。婚宴上，两人将罗裕江夫妇请到台上，当着众多亲朋好友郑重宣布："我们的父母早早地就离开了人世，现在老师和师母就是我们的再生父母，我们就是他们的亲生儿女。"随后，刘怡晴和章许云双双向两位老人深深鞠了一躬，甜甜地叫了一声："爸爸！妈妈！”

特殊的婚礼场面，使在场的每一个人无不为之动容，一时间掌声四起。罗裕江夫妇既意外又惊喜，眼含泪水，激动得说不出一句话，只是向在座的全体亲朋好友深深三鞠躬。

2014年1月，夫妻俩又添喜事，他们的大女儿章舒雅生了一个女儿。如此，刘怡晴和章许云就成了年轻的外婆外公，而罗裕江、李代华就有了一个重外孙女。

走进罗裕江家的后院，平整的地砖，五颜六色、高低搭配的花盆里盛开着多种花朵。花盆边，还有一张石桌，一家人坐在桌边，有说有笑，其乐融融。

“我爸爱种花，会修剪。”刘怡晴介绍，“什么花用什么肥，父亲都很在行。而母亲，平时爱干净，闲时爱织毛衣。有时，还通过相片回忆一下两个儿子。”

据说，当年罗裕江的儿子因病去世后，很长一段时间，夫妻俩都未走出老年丧子的悲痛。而如今，他们不但接受了这个事实，而且还不时通过相片，告诉大家哪个是大儿子，他们在哪儿照的相片等等。

刘怡晴夫妇的孝心，也直接影响了女儿女婿。

如今，罗裕江夫妇两天不见重外孙女，就电话催促快点儿抱来看看。而他们的孙女女婿，也视他们为爷爷、奶奶，只要有空，就前往看望、陪老人聊天。在爱的包围下，朴实善良的罗裕江夫妇，瞒着刘怡晴夫妇及孙女，悄悄地到开远市红十字会签订了遗体捐赠协议，成为开远市历史上遗体捐赠的第一例。“有这么好的儿女，这辈子知足了，我和老伴儿只希望尽自己的一份力，把这份爱心传递下去，才能对得起社会。”

好人365 编辑感言

在刘怡晴和章许云他们这个特殊的大家庭里，无论老的还是少的，都没有一点儿生分，没有半点儿隔阂，一家人其乐融融。不同的家庭，不同的遭遇，让他们从不同的地方走到一起，从不幸到有幸。爱心、孝心、父母情、儿女情、亲情在这个不一般的温馨家庭代代相传。谁说血缘关系才亲？他们的亲情远比亲人还亲，不是亲人胜似亲人。（王　楠）

网友点赞

宁夏网友：一日为师终身为父，中华民族的传统美德被默默地传承着。好人自有好报！

河北网友：从这个特殊温暖的大家庭中，我们看到了师德难忘，看到了孝心无价，看到了中华民族传统文化生生不息。

『当代黄香』陈相锋

香九龄，能温席。孝于亲，所当执。

——《三字经》

在中国的《二十四孝》中，后汉时期的孝子黄香为了让父亲冬天能睡好，“以身暖其被褥”，赢得后人赞誉，而陈相锋让这样的故事在当今再次上演。让我们一起走近他，感受他的孝心仁德。

见到陈相锋时，他刚从村边打零工回来，满身灰尘，到家先登上房顶去看母亲，为她整理整理衣服，拍掉身上的锯末。

88岁的老母亲王金花正在平房房顶角落搭建的棚子下面晒太阳，双腿伸直平坐在地上，上半身前倾趴在腿上，屁股下垫了厚厚的一层锯末。

今年47岁的陈相锋，看上去要比实际年龄苍老一些。在他的记忆中，母亲已经近30年没出过家门，早年患类风湿让她只能在床上度日。长时间卧床导致双腿不能打弯，只能伸直了坐在床上，上半身则是趴在腿上，一天24小时只能这一个姿势，生活也不能自理。

锯末，是在陈相锋家见到最多的东西。床上、屋顶、楼梯上都有，墙角的几条麻袋里，也装满了锯末。陈相锋说，这是专门为母亲铺设“地毯”用的。母亲小便失禁，经常会尿湿被褥，由于家里穷，没有更多的换洗物品，他便想出了用锯末充当被褥的方法。“锯末成本低，在阳光下晒过之后可以重复使用，也比较保暖。”他说，现存的锯末是他骑三轮车往返三次从25里外的一个工厂拉来的，大概够用一年，四处铺锯末，是为了防止母亲不小心摔倒受伤。

2002年，陈相锋父亲去世后，母亲就由他们兄弟几个轮流照看。说是轮流照看，由于陈相锋和其中两个哥哥同住一个院子，他照看得比较多一点儿，用陈相锋二哥的话说，四弟在照顾母亲方面就是他们哥儿仨的榜样。陈母因为常年患病身体冰凉，晚上经常睡不着觉。一开始，陈相锋想给母亲买个电热毯，又担心母亲小便失禁后发生意外；想给母亲放个暖水袋，又怕母亲没知觉的腿被烫伤。最终，他决定用自己的身体为母亲暖被窝儿。十几年来，在不出远门打工的情况下，晚上他都会和母亲睡在一起方便照顾。对于陈相锋的这种举动，最初媳妇和两个孩子都有怨言，时间长了也能理解了，就不再说什么。

为母亲暖被窝儿，可不是盖一床被子这么简单。陈相锋为我们演示了整个过程：先铺上一层厚实的锯末，然后把母亲放成一个舒服的姿势（由于老人关节变形，已无法平躺睡觉），给母亲披上厚棉衣，再给母亲全身裹上棉被，自己再斜靠着墙躺下，用双腿环绕着母亲的身体。

今年75岁的郭荣杯，已经和陈家做了几十年的邻居，说起陈相锋的举动，老人感动不已："怕母亲冷，天天给母亲暖被窝儿，这样的娃儿不多见啊！"

陈相锋学过木工，这是个技术活儿，早年在外地打工靠手艺吃饭，生活也算勉强过得去。

2009年，陈相锋从外地打工回来，看望母亲时发现她坐在床上来回摇晃身子，感觉不对劲儿，把母亲抱起来一看，才发现屁股下长满了疮。看到这样的场景，陈相锋当场泪流满面："当时心里很不是滋味，就像被猫抓了一样难受。"

接下来的一整年，陈相锋放弃了外出打工，把时间都用在了照顾母亲身上。从郑州买回来治疗疮的药物，每天按时给母亲擦洗。除了擦药物，陈相锋还把棉垫子换成了锯末。锯末干燥柔软，与棉垫子相比，能抑制旧疮复发。“虽然看起来脏兮兮的，但效果还不错。”陈相锋说。

没有工作，就意味着没有收入。为了养家糊口，陈相锋的爱人外出打工，在外地上学的女儿也一直在勤工俭学补贴家用。“有人问我为啥不出去挣钱，我说，虽说人离了钱不能活，可是为了老人高兴，我过苦日子也要陪在她身边。”陈相锋说。

即使外出为街坊邻居做些零活儿，陈相锋也给自己立下了一条“铁规”：每天下午4点之前必须回家，这样能给自己留出足够的时间来照顾母亲。

陈相锋四兄弟之间商定好，每家负责老人三天的饭菜，谁有时间就多看护几天。儿子们的悉心照顾，保证了88岁母亲的良好状态，老人家很少得感冒等疾病，每顿能吃下一大碗饭，兴致好的时候，还会尝尝从村里小超市买来的零食。

陈相锋每天外出之前，天气好的话，他都会把母亲背到房顶晒太阳，下午回家重新背到屋里，日复一日，天天如此。

在通往房顶的楼梯口附近，有个由几根树枝搭起的架子，上面晾晒着被褥和衣物。有一天，背母亲上楼梯时不小心摔倒，把母亲的鼻子擦破了，这让陈相锋心疼不已。

考虑到安全问题，再加上母亲年龄大，每天来回背进背出不方便，陈相锋就在房顶搭了个棚跟母亲住在里边，春夏秋冬都在里边，只有春节才会搬进屋里住几天。“虽然条件简陋，但是与阴暗潮湿的屋里相比，有利于防止母亲身上长疮。”

自从睡到房顶之后，母子俩容身的空间就更小了。大多数时候，陈相锋睡觉保持的是一种怪异姿势：仰头枕在门框外面，脖子以下的身体则蜷缩在门框里面，这样虽然能保证母亲的睡眠，他自己却不可能睡好。

“半夜醒来，我喜欢掀开门帘看看天空，如果天上有星星，我就会很高兴，因为这就表示天亮以后是晴天，我妈可以好好晒晒太阳，这对她的病有好处。”陈相锋说。

除了一台摆在母亲屋里的旧电视机，陈家再也没有其他电器。在母亲床头的墙上，贴着不少陈相锋写的“身体健康”的字条。

“过一段时间就写一张，也算是一种期盼吧！”他说。

编辑感言

古有黄香温席，今有孝子暖母。“如今虽然生活拮据，但吃穿差一点儿无所谓，能把母亲照顾好，不让自己愧疚就是最大心愿。”简单朴实的话点醒世人：养育之恩不能忘，敬亲行孝要趁早。（贾玉韬）

网友点赞

陕西网友：小时候妈妈是我们的依靠，现在我们是妈妈的依靠。为爱加油！

『背篓孝子』三兄弟

我们体贴老人，要像对待孩子一样。

——［德］歌德

一个竹篓，两条肩带，组成一副背篓。向氏三兄弟就用这样的背篓背起母亲的晚年，背起“仁孝”二字。

向明军、向明迁、向明进三兄弟，是湖北省宜昌市夷陵区邓村乡黄金河村的普通村民。他们十几年如一日，用双肩感恩母亲的养育，用耐心和恒心书写着平常而又简单的“孝”字。

向明军，是黄金河村卫生室村医，向家的第三个儿子。他的大哥远在外地，二哥已经离开人世，自己成了在母亲身边最大的儿子，身边还有两个双胞胎弟弟向明迁、向明进。这是一个在邓村乡小有名气的中医世家，已故的父亲向文熬是从乡卫生院退休的老中医，叔父向文耀也是邓村乡卫生院退休的老医生，向明军是几兄弟中唯一继承了祖业的人。

向明军的母亲黄先秀出生于1927年，如今已是88岁高龄，老伴儿10多年前就已去世。随着年岁渐增，老人身体也日渐羸弱。2000年，一次突然发作的高血压使得老人行动艰难，吃饭掉碗，穿衣困难，言语混乱……这一切考验着三个儿子和儿媳的仁心、孝心和耐心。怎样照顾老人才最好呢？在农村，由一家照顾老人，另外两家拿赡养费是常见的做法，但三个儿子和儿媳都觉得，母亲最需要的就是服侍和关爱，钱解决不了母亲的需求。另外，老人待在一个地方时间久了必然影响她的身心健康，要是大家轮流照顾，她可以时常换个环境放松心情，儿女们也方便和她联络感情。儿子和儿媳们你一言我一语，最后商定了这样的方案：一是只要母亲在世一天，就要尽心尽力照顾一天；二是所有儿子和媳妇都要轮流照顾，轮替着接母亲到自己家，以一个月为周期轮换。

在照顾母亲的十几年里，向家的三个兄弟、三个媳妇没怎么出过远门，种茶叶、种天麻、在附近做小生意成了他们的创收方式，外出打工、做生意挣大钱是他们向往却不能实现的事。小儿子向明进曾经讲过这样一段经历，有一次朋友约他出去打工，工资很高，考虑到儿子还在上大学，急需用钱，他跟朋友出去了。上班不到一个月，家里来了电话，说母亲情况紧急，他没顾得上跟老板打招呼就回家了。虽然母亲并无大碍，但当他返回打工处的时候，被老板骂得狗血淋头，3000多元的工资一分都没拿到。向明进心里有点儿遗憾，但没有埋怨任何人。

在向明迁家，每到冬天就会摆着两个火垅，一个放在厨房后面——这是茶乡一般农家都会有的布置，而另一个放在堂屋。向明迁解释，这样没有潮气，对母亲的腿疼有缓解作用。黄金河村的冬天比宜昌城区气温要低，为了让母亲温暖地过冬，三兄弟要格外地多弄些柴火存在家里。儿媳们每天起床后都是先将火垅里烧一把柴火，给母亲穿好衣服后再去做其他的事情。

天冷，老人的手脚也更加僵硬，穿衣、洗澡不能自理。“顾不了那么多了，就当是孩子，其实比孩子难伺候，只要她稍微舒服点儿就好。”向明军也记不清楚自己和爱人多少次帮母亲洗大小便失禁后的裤子，“看到就吐，吐了再拿去洗，洗的时候还要吐，吐得我眼冒金星。”向明军说这段话的时候自己又掉下了眼泪。四儿媳谢德芬说：“看着她下半身一片湿，我们怎么忍心让她遭这样的罪？再脏我们也得忍受啊。”

邻居们介绍，黄先秀老人虽然身体状况并不太好，平时不常出门，但她特别喜欢阳光，除了夏天以外，只要是晴天，都喜欢去晒晒太阳。她的儿子们虽然都已是半百之龄，却都尽量满足母亲这小小的喜好。

在黄金河村，背篓已很少见，而向家三兄弟一家一个背篓，用来背着老人晒太阳和出门走亲访友。春节期间，是黄先秀老人坐背篓最频繁的时候。“几个儿子都蛮孝顺。一过年，他们都争着接我去过年，抢着接我去吃饭，我去哪一家，哪个儿子就拿背篓来背我。”说这话时，88岁的黄先秀脸上洋溢着幸福和满足。三个儿子住的不远，走路也就十几分钟的事，但背着母亲就要一个多小时。起初，他们尝试过用摩托车载母亲出去走亲戚，觉得不放心，又尝试着抱，可黄金河村山路崎岖，山路上歇脚非常困难，最后才决定用背篓背。“虽然家里都有摩托车，但母亲年龄大了，经不起颠簸，还是背篓稳妥些。”向明进解释说。

2014年大年初一，天气晴好，三兄弟按照节前商量的在老四向明迁家里过年，向明军习惯性地将母亲放进背篓，踏上了去老四家的路。从邻居稻场经过的时候，有村民拿起手机拍下了这一幕，而这一

幕，距离向家三兄弟轮流照顾母亲已经14年，距离第一次用背篓背母亲也已经5年。

小时候，向家兄弟的父亲在外行医，很少回来。母亲每天放工的时候，背上背一个，胳膊肘夹一个，面前还抱一个，路上走几个。母亲将从野外采来的蒿子、芭蕉梗、鱼腥草和在玉米面里供一家人充饥，父亲回来给他们捎点儿糖、粉、面条之类的，大家就像过节一样。三兄弟觉得，父母当时拉扯一大家子都挺过来了，现在一大家子服侍一个老人，理所当然。他们认为，孝道是知恩图报应有的本分，是一切善行的起点。

作为医生，不管母亲在哪个儿子家，向明军每周必做的事情就是帮母亲检查身体，尤其是测量心率和血压，从不会忘记，也没有落下过一次。“只要我一去，搬个凳子往妈面前一放，她就知道是我要给她做检查了，她自己就开始挽袖子，很配合啊。”每次检查完，要是没问题，向明军就会微微一笑，表示不错；而当血压不正常或有其他异常时，向明军就会告诉妻子或弟媳怎么调整饮食，或马上回到卫生室给她拿药过来。周围人笑称黄先秀有专职健康顾问、营养顾问，待遇很高。

有很多人在看病时会问向明军他们为什么对母亲那么好，向明军回答说：“对母亲好就好像我们的五脏六腑，必不可少。你们换个角度想一想，如果我对母亲都不好，你们还敢请我看病吗？”乌鸦反哺、羔羊跪乳，这是世间万事万物繁衍生息的本性和本能。折射在人身上，就浓缩升华为“孝道”，代代相传，生生不息。

好人365 编辑感言

百善孝为先，向家兄弟侍奉老母的孝心善举，就是对中华民族孝道的最好诠释。在向氏大家庭里，子孝妻贤、兄友弟恭，生活虽清贫俭朴，但人人心中充满温情善良，这何尝不是最真实、最宝贵、最值得学习和传承的家风家训！孝，是一切善行的起点，向家兄弟供奉老母，是遵循人伦天理之举，也是积福积德之举，更是荫及子孙之举！（路　弘）

好人365 网友点赞

河南网友：写孝容易行孝难，向氏兄弟的孝心孝行，让母亲增了福气，让家庭多了和气，为社会扬了正气。

四川网友：孝，就是向家三兄弟数十年如一日照顾母亲，不需要惊心动魄，不需要催人泪下，只是对母亲浓浓的爱。

湖南网友：现在的社会，太多的东西占据了人的内心，时常让人忘记了反哺养育之恩，希望这样的故事能唤醒我们的感恩之心。

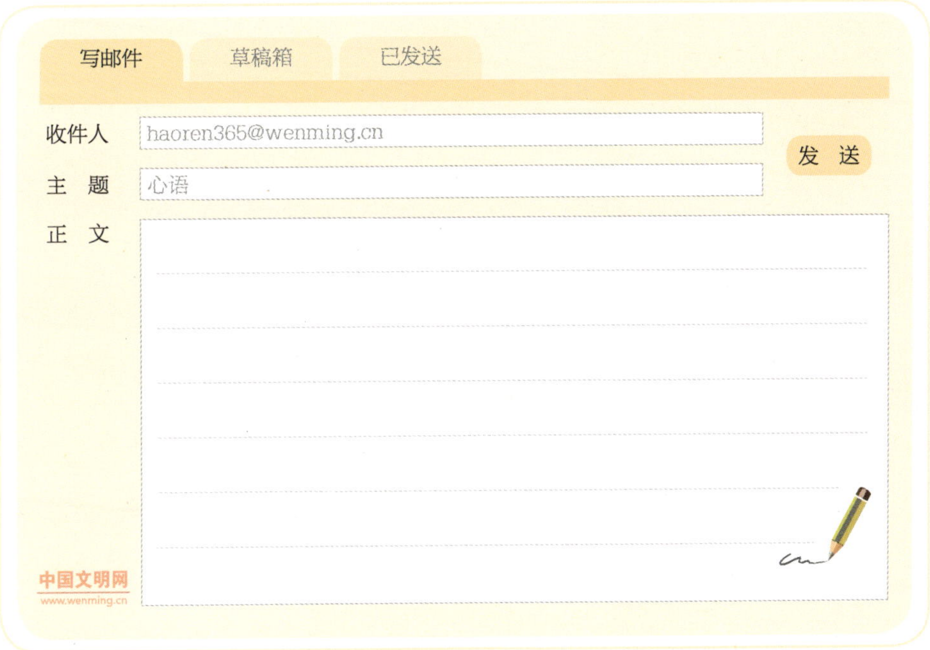

好妻子诠释『中国式爱情』

结发为夫妻，恩爱两不疑。

——苏　武

在高满英30多年的婚姻生活中，面对一个摇摇欲坠的家庭和一条充满荆棘的人生道路，她无怨无悔地选择坚持，相夫教子，侍奉长辈，用“责任”诠释了一个普通妇女的高贵品质。

1980年，高满英22岁时，嫁给了大她2岁的骆耀梅。次年，她生下儿子。两年后，她又生下女儿。1984年，她当上了寨岗村的妇女会主任。那段时光，是高满英最幸福的日子，一双儿女活泼可爱，丈夫英俊潇洒，会开手扶拖拉机，有谋生的手艺，一家人的小日子别提有多幸福美满。

然而，祸从天降。1984年底，为发家致富，丈夫骆耀梅到公庄镇的溪口村河边去挖沙，准备用来建猪栏养猪。作业时，发生了塌方事故，骆耀梅身体被埋于沙下……

“我当时听到消息，就觉得天塌下来了。”听到丈夫出事的消息，高满英急急忙忙往医院赶。经过一系列的抢救，骆耀梅的命保住了，但下半身却瘫痪了。

突如其来的变故，对于骆耀梅夫妇而言是一个巨大考验。

骆耀梅瘫痪后，一度无法接受命运无情的安排，他天天嚷嚷着还不如死了算了。高满英的公公看着儿子的样子，心里也非常难受，常常借酒浇愁，喝得酩酊大醉后用头撞墙。好好的一个家，突然变得“千疮百孔”，高满英也几乎要崩溃了。可是看看眼前才几岁大的一双儿女，她怎么也舍不得让这个家散了。“可能是我的责任心太强，我在默默承受的同时，还要经常给公公和丈夫轮流做思想工作，让他们挺住，劝说丈夫打消轻生的念头，鼓励他活下去，看着两个孩子长大。”

每天，她耐心地给丈夫洗脸、擦背、洗澡、喂食，体重不足110

斤的她还要吃力地抱着120斤的骆耀梅上下轮椅，帮他上厕所。为了让丈夫好受点儿，她还学会了日常卫生医疗护理。

时间是无声的记录仪，记录了高满英对爱情的忠贞，也记录了她的诸多辛酸。“尤其是在丈夫瘫痪初期，我常常以泪洗面。我想大声哭出来，可又不敢当着丈夫和公公的面流泪，怕他们难受。如果将我当年流下的泪水汇集起来，可以成河了。”

丈夫瘫痪的时候，高满英才27岁，可她从来没有想过离婚改嫁。

生活的重担让高满英不得不“身兼数职”。为了增加家庭收入，高满英曾一个人耕种了8亩水稻、8亩甘蔗、3亩花生，还饲养了一批猪和鸡，并且一有时间，便跑到山脚边开荒，凭自己的双手开垦出3亩多地。这么多的农活儿，全都落在她一个人的身上，高满英每天都在和时间“赛跑”。“一天到晚都没个闲的时候，回想那时候真的很难。”

生活中的种种不幸，不但没有压垮高满英，反而让她更加坚强地面对生活。为了让家人过得舒适一点儿，高满英省吃俭用，又借了钱盖了一栋两层面积不大的楼房。为了节省请工人的搬运费，高满英决定自己来挑砖、背水泥。在30多摄氏度的烈日下，硬生生地靠着自己一个人把近20吨重的水泥一包一包地从村口扛到了自己家门口，辛勤的汗水洒在了村口通往自家新房的村道上，感动着村里及周边的父老乡亲。

然而，高满英的努力并没有让幸运降临这个家庭。2008年，高满英的婆婆因病瘫痪，她肩上的担子更重了。瘫痪的丈夫和婆婆、患有哮喘病的80多岁的公公，让高满英三更睡、五更起，忙得脚不沾地。如今，高满英的婆婆已经去世，老人在高满英的照料下，从瘫痪到去世整整7个月时间，身上没有出现一处褥疮。

高满英不仅对亲人好，对待乡里乡亲也是如此。在家庭之外，高满英的身份是寨岗村妇女会主任。她从1984年上任，至今已连任31年。

“之前我在博罗住院的时候，村民都会买菜到我家，买东西给我小孩儿吃，我真的非常感谢他们。”高满英说。淳朴的村民同情高满

英的遭遇，同时也佩服这个坚强的女人，在力所能及的范围内，他们也很愿意帮助高满英。

身为妇女会主任的高满英，没有因为自己的家庭遭遇而耽误工作，反而与群众越走越近。几十年的基层工作，让她与村民有着很深的感情。每次群众叫她帮忙，只要做得到，她都会倾尽全力。

“她不仅孝顺家人，对周围人也是没得说的。”在寨岗村，只要提起高满英，大家都会竖起大拇指。为赞扬高满英，村民专门为她编了一首歌：“高满英，她是咱们妇女的好榜样。大公无私好风格，联系群众思想好，一心为集体，不怕风和浪……”

走进高满英的家，一栋两层的楼房，没有装修，家具简陋，但屋里屋外打扫得干干净净，收拾得井井有条。如今，高满英的丈夫骆耀梅可以自己在轮椅上活动，逗孙子玩。

“是她让我坚持下去的，如果没有她，就没有我的今天。”说起妻子，骆耀梅百感交集，久久说不出话来。萦绕在他心头的是30多年的愧疚和感谢：“真的好感激她。不是一年半年，是30多年，我真的没有办法形容，说起来直想哭。”

孩子们都已经长大成人，高满英的日子也慢慢好转。她每天都和村民一起在村里的广场跳舞，还经常组织村里的妇女们搞义务劳动。对于现在的生活，她表示很知足：“不能跟别人比，要跟自己比，只要有一点点进步我都会很开心。你看，我现在都住上楼房了。”

编辑感言

“只愿得一人心，白首不分离，这简单的话语，需要巨大的勇气。”就像这首歌里唱的，“白首不分离”需要巨大的勇气。不论时代怎样变迁，对爱情的忠贞，对家庭的责任，已经融入中国人的骨髓，不会更改。高满英从来没有想到过离开半身瘫痪的丈夫、抛弃老弱病残的家庭，虽然她没有说，但我们知道，那是因为“爱情”。这“爱情”是只有中国人才懂得的含蓄和坚持，不离开你，不伤害你，不必轰轰烈烈，不必荡气回肠，只是默默地照顾你、照顾家，看着你、陪着你，一天又一天，直到年华老去，你依然是我心中的那个他。（王晓宁）

网友点赞

湖南网友：患难见真情，世上最美的爱情就是不管遭受多大风雨，我依然对你不离不弃！

宁夏网友：无畏付出，坚强不屈，见证真爱的力量！

笑对苦难的好母亲

慈母手中线，游子身上衣。临行密密缝，意恐迟迟归。谁言寸草心，报得三春晖。

——孟　郊

朱秀芳的遭遇是坎坷的，但她始终选择坚强。丈夫、父亲、公公相继离世，生活的重担全部压在她一人肩上。她用自己的坚强，养育患有脑瘫的儿子，照顾年迈多病的母亲。她用一个普通妇女最朴素的言行，向人们讲述了作为母亲和女儿应尽的义务和应负的责任。

1983年，经朋友介绍，在羊毛衫厂工作的朱秀芳和后来的丈夫相识，并在两年后步入了婚姻的殿堂。婚后不久，朱秀芳怀孕的消息，让她和丈夫兴奋不已，也让这个家充满了期盼。

因为当时已经有了三个孙女，朱秀芳的公婆天天念叨儿媳妇给他们生个大胖孙子。十月怀胎，一朝分娩。1985年12月，也就是怀孕七个月的时候，身子本来就很虚弱的朱秀芳出现了早产的迹象，一到医院，一个三斤多重的小男孩儿就提前降生了。因为早产，孩子出现了黄疸、下肢浮肿等现象。看着还没有完全发育好的宝宝，他们既开心又担心。高兴的是终于满足了老人的心愿，担心的就是孩子的健康。

医院当时还没有暖箱这样的先进设备。在医院住了些日子之后，丈夫便把朱秀芳和孩子一起接回了家。临出院时，大夫开了很多中药，嘱咐夫妻俩按时给孩子喂药。那时候，夫妻俩觉得只要他们悉心照顾，一定会把孩子养好。

80年代的天津，不少人还过着一大家子挤在一起的生活，而朱秀芳已经有了自己的小家。尽管屋子只有13平方米左右，但添丁之后的小家显得格外的温馨。为了给孩子保暖，朱秀芳和丈夫总是贴身抱着孩子，生怕孩子冻着；奶水不足，他们想了很多办法催奶，生怕孩子饿着……“孩子能吃能睡才能长身体”，两口子一直这样想。

“三翻六坐八爬”，是老人们总结出来的经验。可是，儿子几个月了，还是不像别的孩子那样硬朗。补铁、补锌、补钙……两口子始终觉得是早产儿发育晚，需要补充各种营养元素。长辈们也说：“孩子就是身体弱，慢慢补补就会好的。”

“咱们还是去大医院好好检查一下吧，这样自己也踏实。”在丈夫的主张下，朱秀芳决定带着孩子去做一次全面检查，以打消疑虑。

几天后，他们去医院取化验结果。一路上，朱秀芳和丈夫没有一句交流，只是在心里默默地为孩子祈福。

“脑瘫的治愈率极低，基本是没什么希望看好的。”医生对他们讲这番话的时候，朱秀芳的心理防线几乎崩塌，但她强忍着不让眼泪流出来。“过几年再生个二胎，这是符合政策的。”“把孩子送回老家，让他自生自灭吧！”……一时间，周围的人给了她太多的意见。铁了心要给孩子看病的朱秀芳和丈夫，心里没有一丝动摇。他们四处为孩子求医问药，盼望着出现奇迹。

抬头、翻身、坐立……对于一个正常的婴儿来说，是一件简单的事，但朱秀芳的儿子却用了4年的时间，瘦弱的朱秀芳抱着孩子在家和各个医院之间也跑了4年。孩子3岁时，喊出了人生中第一个字——“妈”，欣喜夹杂着心酸，让她痛哭流涕。她鼓励自己，继续一个字一个字地教孩子说话。“那会儿孩子可以坐立了，我们用布条把他绑在床边，不然他稍微一动就会东倒西歪。”朱秀芳清晰地记着儿子4岁时的情景。

看到一点点希望，朱秀芳就义无反顾地“扑”上去。医生说孩子要多接触外面的环境，她便带着孩子去公园，教他看树、看花，见到熟人打招呼问好，临走时说再见等等。那时，孩子已经能听懂他自己的名字了。每当喊“王天宇”三个字时，孩子都会做出很多回应，这，给了家人莫大的精神动力。疼爱外孙的姥爷，经常陪在孩子身边，经常有意识地锻炼孩子的行动力。姥爷把嗑好的瓜子仁儿放到桌边，示意外孙可以吃的时候，王天宇就会挪动着身子，伸手去够。看到外孙的状况在一点点好转，老人家也露出了难得的笑容。

听朋友说，有一家医院可以针灸治疗小儿脑瘫，她便抱着孩子坐着公交车风里来雨里去，没耽误一天治疗。一次针灸，身上要扎100多根针，拔针后还要用酒精棉球擦去血迹，孩子身体上的疼痛尚且不说，做家长的则要跨越多少心理障碍啊。

一次经历，让朱秀芳深深地感觉到自己的付出是值得的。母子二人从医院回家，因晚上没休息好，朱秀芳在公交车上睡着了。正当她迷糊的时候，儿子轻轻地拍着她说：“妈，家。”果然，公交车马上就要进站了。当时，朱秀芳激动得都要哭了。

“皇天不负苦心人”。经过一年多的治疗，奇迹发生了，王天宇终于可以扶着东西站立，还能走几步路。又过了几个月，朱秀芳欣喜地发现，儿子的眼睛不斜了，说话咬字也清楚了，语言表达能力比以前强了很多。

到了上学的年龄，朱秀芳买来小学课本自己在家教儿子认字，还学了一些英文单词。

有人劝朱秀芳两口子，趁年轻再要个二胎。她每次都是一句话：

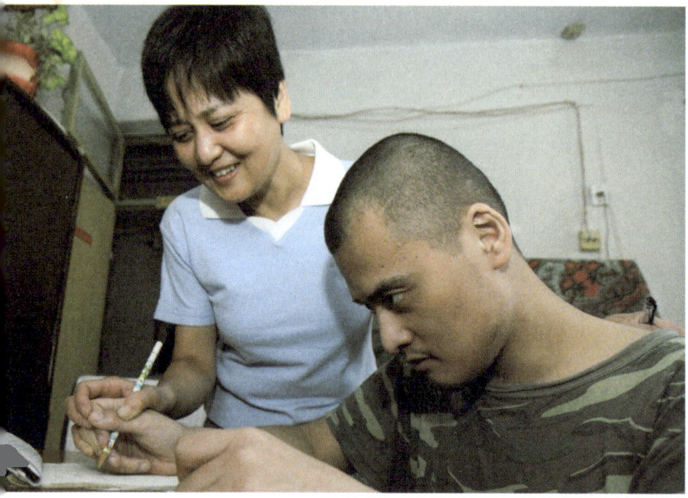

“不能光想着自己，要对孩子负责，要了二胎哪还有精力照顾这个孩子。”就这样，一年又一年过去了，那个患脑瘫的早产儿，已经长成了一个小伙子。

儿子的长大，意味着父辈们也在渐渐地老去。上有老病人、下有小病人的生活，让朱秀芳和丈夫有了前所未有的压力。2002年，家里唯一的顶梁柱、一向身体很好的丈夫得了胃癌，发现时已经是中晚期了。本来她的老父亲就是糖尿病合并尿毒症；老母亲是老年性静脉炎，生活不能自理；她自己也已下岗多年，并且也患有糖尿病，所以这个消息对于朱秀芳来说无异于晴天霹雳，拿到确诊通知单后她感觉天都塌了。

亲戚家、朋友家……那些日子里，为了给丈夫治病，朱秀芳四处借钱，希望能通过手术留住自己丈夫的生命。然而，天不遂人愿，术后不到20天，医生又宣布丈夫的癌细胞扩散到了胰腺和淋巴以及腹腔。短短两个月之后，丈夫撒手西去，再也没能躺回到自己家的床上。

老天没有眷顾这个本已支离破碎的家。刚刚送走了丈夫，朱秀芳的父亲又住进了医院。由于病情急剧恶化，不到一年老人就病故了；紧接着，她的公公也因病离开了人世。

沉重的打击接二连三，让朱秀芳难以招架。她最终住进了医院，并进行了一场早该进行的手术。她的病情让大夫非常惊讶。大夫说，本来以为是个小手术，但没想到病人肚子里的肿瘤会这么大，切开的刀口刚好把肿瘤“挤”出来。“你可真够能忍的，回去后一定要注意休息。”手术后，大夫一边交代注意事项，一边告诫着这个不要命的女人。而此时，朱秀芳心里惦记着的，却是自己瘫痪在床的老母亲和生活不能完全自理的儿子。

朱秀芳每天都有忙不完的事，帮一老一小端屎倒尿，给老母亲做按摩，帮儿子在电脑上敲不认识的字。她还义务当了楼栋长。有很多人不解，自己家里都忙成这样了，怎么还有闲心当楼栋长？有在社区里巡逻的工夫还不如在家照顾孩子呢。朱秀芳说，在遇到困难时，社会给予了他们很多，他们要懂得感恩，社区工作需要她支持的时候，她不能推辞。

经过朱秀芳的坚持、辛苦和努力，儿子能够认识一些字，而且能缓慢地行走了。生活的磨难使这位坚强的母亲格外懂得感恩，她感激困境中给予她帮助的人们。她说，虽然家庭有不幸，生活很困难，但她会坚强地生活下去，承担起自己的责任。

编辑感言

朱秀芳不是一个弱女子，简直是一个铁骨铮铮的“女汉子”。整整30年，她用辛勤的汗水和坚韧不拔的意志诠释了“为人父母天下至善，为人子女天下大孝”的精神。有了她的支撑，家庭才重新燃起了生活的希望，残疾的儿子才有了生活下去的勇气，年迈的母亲才有了生活的依靠。面对家庭的重创，她选择的是坚强，是与命运的抗争，孝道在这个家庭丝毫不打折扣，亲情在这个家庭丝毫没有受损。她不愧为一位伟大的母亲，也不愧为一位孝顺的女儿。（王　楠）

网友点赞

宁夏网友：她有着超乎常人的伟大母爱和可贵的孝心，值得我们所有人学习。

河南网友：当命运的暴风雨袭来，她用一个中国女人最朴素的方式诠释了什么是对生活的不卑不亢。

无私奉献的『知青妈妈』

母性的伟大不在于理智，而在于那种直觉的感情。

——傅　雷

马静珍是一位充满爱心的坚强老人。她用自己的青春年华，不辞辛苦地照顾瘫痪在床的养子40多年，并把养女培养成材。

翻开马静珍老人保存的几本相册，年轻时候的她十分清丽：黑黑的眸子，弯弯的眉毛，清纯的目光，温婉的笑容。20世纪五六十年代，这位上海姑娘的身上还透着“洋气”。可谁能料想到，她的人生却在那美好的年华悄然改变了轨迹。

1960年7月，得知号召“知识青年上山下乡”的政策，17岁的马静珍动了心。父母让她选个离家近些的省份，可她答得坚定：“做知青就是要到最艰苦的地方去。”不久，马静珍从老家上海只身来到肃南大河农场支边，1961年，转到甘肃省国营八一农场。后来，她与八一农场另一位上海知青结为夫妻。可婚后几年，夫妻俩一直没有生育，吵过、闹过、抱怨过后，不得已决定收养一个孩子。

1970年6月，刚出生3天的强强来到了这个家庭。孩子睁着一双又圆又大的眼睛，圆嘟嘟的脸蛋儿十分可爱，夫妻俩终于开心地笑了，共同悉心抚养着孩子。强强5个月大时，马静珍发现孩子怎么也坐不起来，抱到医院去检查，诊断结果是“先天性大脑发育不良”。

无法相信事实的她，抱着强强四处辗转求医，武威、兰州、北京、上海……可得到的总是同样的答复。到哪里，大夫都直摇头；说多少好话，医院也无法给予医治，劝她放弃。

这些话，马静珍不知听了多少回。可她想：“这毕竟是个娃娃呀，他也需要有个妈妈。人总得对得住良心，既然领回来了，他就是我的孩子。”

就这样，马静珍坚持照顾强强40多年，直到今天还在继续坚持着。强强身体发育畸形，四肢萎缩，小腿只有常人的胳膊般粗，只能日夜躺在床上。马静珍把强强当作自己的亲生孩子，给他喂饭、洗衣、翻身、洗澡，样样细心。

认识马静珍的人都说，能把这样一个孩子抚养40多年，真是个奇迹。可除了敬佩之外，这一路走来要付出的艰辛，也只有马静珍自己知道。

20世纪70年代初，马静珍和丈夫的工资加起来一个月也就50元左右。除了日常生活开销，还要带着强强去扎针、电疗、做护理。钱不够，就去借，前前后后陆续借了6000多元，欠债一还就是8年。

即便是那样的条件，1974年，夫妻俩又抱养了一个女孩儿。女儿蓉蓉乖巧懂事，让夫妻俩宽慰不少。可照顾两个孩子，毕竟不是件容易的事。

欠债的日子，马静珍宁肯自己节俭，也要想办法让孩子吃得好些。她坚持每天早上7点起来买牛奶。儿子一次吃得少，她晚上每隔两个小时起来一次给儿子喂牛奶。强强下肢没有力气，每次喂饭，她先托起孩子的上身靠在自己身上，再一点儿一点儿地喂。她曾自己种菜、养鸡，等鸡下了蛋，她剥出蛋黄喂给儿子，自己只吃蛋白。

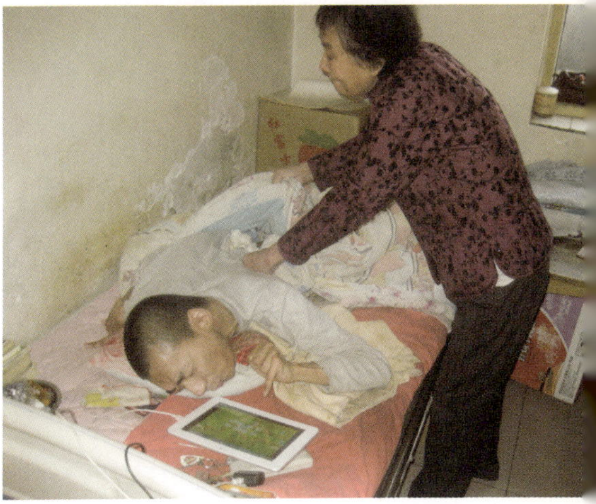

当知青前，马静珍曾在夜校学过护理、儿科知识，后来又在八一农场东寨分场职工医院工作。每当孩子需要打针输液，她都自己完成。这些年，强强除了偶尔感冒咳嗽，没得过大病。

处理孩子的大小便是最麻烦的事。一开始，她抱着孩子去厕所，后来背着去，直到背不动了，她就在床上铺上纸或者尿布，脏一次，洗一次。每隔一个星期，为强强洗一次澡，儿子洗干净了，她却累得汗水湿透了衣衫。每隔一个月，她还自己动手为强强理发。马静珍再忙再累，也会保持家里干净整洁，没有异味，邻居们都非常佩服。

“强强和其他孩子一样，他也要有童年。”马静珍从没放弃过开发强强的智力。她托上海的亲戚为孩子买来收音机、儿童画册、各式玩具，光是手枪，就大大小小十多把；后来，她又买来了游戏机；前年，她又给强强买了手机和平板电脑；家里唯一的一台电视机，一直摆在强强视线的前方；有电影放映，她背着儿子去看；天气晴朗时，她背着儿子出门晒太阳……

最艰难的那些年，马静珍很少买新衣服，不管街上流行什么样式的服装，她都穿着打了补丁的衣裤。很多人不理解，她为何要受这份苦？马静珍说：“我是没有多少钱，可毕竟是个大人，忍忍也就过去了，但总得让孩子们活得好些。”

马静珍说，其实这些苦她都不怕，最怕的是力不从心时的无助感。9年前，老伴儿去世，照顾强强的重担只能她一人挑。好多次，她实在太累，连给强强翻身的力气都没有，急得她直哭。睡不着的夜晚，眼泪悄悄地流，怕强强听见，她从不敢出声。

“有没有想过放弃？”曾有记者直截了当地问马静珍。

“不会的，孩子需要我。”她平静地回答。日子再难，可每当她抚摸着强强时，心里就会不自觉地念着：“妈妈不会放弃你！”

如今72岁的马静珍每月有退休金，强强也申请到了全额低保。可她从不雇人，依旧自己动手照顾强强，洗衣、做饭，一切如前。

为什么年老了还要这样辛苦？

马静珍说：“这么多年都过来了，这份相依相伴的亲情是割舍不了的。”强强至今连一句清晰完整的话也说不出来，可他却总是能真切地叫出“妈妈”。马静珍说，这些年，正是这一声声牵心扯肺的呼唤，支撑着她一路坚持着走过来。

躺在床上的强强，吃什么、要什么，只能发出“咿咿呀呀”的声音，旁人不明白，可马静珍听得懂。这是40多年相依相伴换来的默契，这交流发自心底，胜过任何言语。看着强强吃好了、高兴了，马静珍也就舒心了。

选择用真心付出的人是幸福的！

马静珍也有着自己的小幸福。女儿蓉蓉从小学习就好，还顺利考上了大学，后来回到离家不远的银行工作。如今蓉蓉40岁了，拥有幸福的家庭和自己的孩子。蓉蓉从小就知冷知热，每当生活中遇到什么困难，蓉蓉总会习惯性地说一句：“妈，没事，有我呢！”

没有什么比这句话更让马静珍心里觉得美了。

马静珍心脏不太好，还患有糖尿病，前后住了四次医院，几个月前还烫伤了腿，身体状况大不如前。有两次，她心脏病突发，忽然晕倒在地。躺在床上的强强听不到妈妈的声音，就直喊“妈”，喊了几声没人应，他用妈妈买给他的手机拨通了妹妹的电话，喊她回家。马静珍被送到医院，医生说：“幸亏送得及时。”

“是强强救了我的命！”说这话时，马静珍露出了笑容，夸起儿子的好。“我的强强不傻，也不呆，他心里明白着呢！什么都知道，很懂事。”马静珍站在强强的床头，说：“你看，强强漂亮吧？浓眉大眼的。我前天刚给他理了发，看上去精神了。”母子对视的那一刻，眼神平和安静。

在家是位好母亲，在单位也是同事们敬佩的标杆。退休前，她几乎每年都是“单位先进工作者”；退休16年了，她从没忘记过交党费，总是主动按时交到单位；有时间的时候，她还会叫上家属院的退休职工参加文艺活动。她为人处事的风格，甚至感染着刚进单位的年轻人。公司职工刘琎告诉记者，他4年前走进这个单位的大门时，见到的第一个人就是马奶奶，虽是老人但还热情地上前帮他拎包，让他感动。

听着大家对她的溢美之词，马静珍轻言轻语地说：“只要心里有爱，再苦的日子也不会觉得难。”

她淡淡地笑着，平和从容，像冬日里的一缕暖阳。

好人365 编辑感言

母爱，是我们人类歌颂的永恒主题。从“孟母三迁”典故到孟郊《游子吟》的诗篇，从“咽苦吐甘”的哺育之恩到“儿行千里母担忧”的牵挂之情，从咿呀学语到读书上学，从步入社会到成家立业，从结婚生子到步入中年，母爱无时无刻不在沐浴着我们。而马静珍为了一对收养的儿女，含辛茹苦40多年，从青春年华走到了古稀之年，把一生的心血都倾注在了儿女身上，这是伟大母爱的又一次升华。这40多年的时光，让人每一次回想她的故事时，都心潮澎湃、感动不已。（逯江楠）

好人365 网友点赞

安徽网友：母爱无边。普通而又不平凡的母亲，用她的母爱给了两个毫无血缘关系的孩子一个温暖的家！

河北网友：马静珍老人的感人事迹就像一缕春风拂过我们浮躁的心头，为这个社会注入了文明的力量。

失忆老人的好『儿子』

老吾老，以及人之老；幼吾幼，以及人之幼。

——孟　子

装修工人季一山仅凭一面之缘，就照顾一名失忆老人16年，这多么难能可贵，又需要付出多少艰辛！

故事要从1998年9月的一个下午说起。那天天气闷热，时年29岁的季一山正在工地上干活儿，身上的BP机响了，可能有新业务，他借了业主的手机回电话，听到一个陌生而焦急的声音："季一山啊，我头晕迷路了，请来救救我，我在鲁迅公园。"季一山问："请问你是哪位？""我不知道我是谁，我有个本子上记有你的电话。"没头没脑的话让季一山很是疑惑，但对方焦急、无助的语气让他下了决心，不论怎样先去看看。到了鲁迅公园门口，季一山远远地看到一个头发乱蓬蓬的老人，无精打采地坐在花池旁，在太阳底下打盹儿呢。季一山想起来了，在年初一个业主请吃饭的时候，在饭桌上见过一面，当时老人说他油漆手艺好，问他要了电话号码，老人姓甚名谁，他也不记得了。顾不了许多，季一山搀着老人，背起他的编织袋行李包，坐车回到了工地宿舍。老人脚上穿着一双旧皮鞋，或许因为长时间步行，脚已经水肿。季一山为老人打来一盆温开水，让他洗脸洗脚，给他找来一双新鞋换上。做完这一切，季一山又为老人煮面条。可能因为太饿，老人一口气吃掉了两大碗。洗净吃饱后，老人气色好转。季一山开始询问老人的情况，可老人对以前的事，什么也想不起来，话问多了，老人开始抱着头："我什么也想不起来了，我不知道自己是谁，从哪里来。"季一山安慰他："没关系，想不起来，您就先住在我这里。虽然条件差点儿，但我可以保证每天让您有个热汤热水。"

在上海生活实在不易，季一山省吃俭用，舍不得租房，在哪里干活儿，就住在哪里，既省钱又省力。但那些地方尘土飞扬，失忆老人对灰尘特别敏感，有时甚至表现出恐惧。工地不能住了，季一山只能花钱租房。为了给老人解闷儿，他还从旧货市场上淘了台电视机。租的房子虽小，但让老人有了一个安身之所。季一山干的活儿是流动的，有时工地与居住地相距很远，可是无论多晚多累，季一山晚上总是坚持回“家”，给老人做饭烧菜，菜总是多炒一份，留着给老人当第二天的午餐。季一山老家还有农田，农忙时要回老家帮忙，每次回家前，他都要给老人做上几天的菜。

2009年是季一山最困难的时候，那时工价比较低，时常没活儿干，还遭遇了多次包工头“人间蒸发”，少则5000元，多则上万元的工钱无处讨要。春节前，身无分文的他350元贱卖了自己唯一的交通工具——一辆旧电瓶车，150元留给自己买票回家，200元交给了老人，作为他在春节期间的生活费。

那年过后，随着行情的好转，装潢工工钱涨了不少，季一山和老人的生活也比以前有所改善。这些年里，他先后搬了4次家，两年前，搬进了现在的住所，每月房租1000元。因为不知道老人的名字，开始时季一山称他为大哥，之后称他为大叔。虽然没有以父子相称，但在他们心中早已成为父子。季一山说：“这么多年搬了好几次家，从宝山到闸北，又到普陀，老人都跟着我，时间长了，也有了很深的感情，就跟我的父亲一样。”

老人不太爱说话，每天的晚饭时间是两人一天中仅有的交流时间，季一山总是给老人讲笑话，逗老人说话。一次他问老人，如果有一天自己突然走了，再也不回来了，你该怎么办？老人说，他到马路上去找警察，让他们帮他去找。“如果警察问我季一山是谁，我就说是我的儿子。”季一山听到这句话，眼泪夺眶而出。

季一山家的经济状况一直不好，家里三四亩田只能长长豆子什么的，儿子在外读书，季一山的妻子在家种田，勉强维持生活。季一山本人身体也不好，因为腰椎间盘突出，在建湖县人民医院动过两次手术。建湖县人民医院的院长王健对他说：“你要好好保养身体，不能再动第三次手术了，那样会有生命危险。”

他赡养着一个非亲非故的老人，熟悉他的老乡都很纳闷儿：“你自己的日子都过得艰难，还背个大包袱干啥？”他的妻子每年也会来上海住上几天，多次问他，这个陌生人为什么老住在家里？季一山总是解释说，老人是他战友的父亲，在上海做生意，没地方住才住到这里。这个谎言，他说了16年。暂住地的邻居们，也都知道季一山在赡养“战友的父亲”。

随着年龄的增长，老人血压有些高，不通医术的季一山凭着自己的理解和一片真心买来了降压项圈、降压手表。2013年初，老人得了帕金森综合征，手时常发抖。季一山给他换了部手机，买了台平板电脑，让儿子教会了老人打游戏。他认为这样可以增强锻炼，对康复有好处。老人从报纸上看到一种药可以治疗帕金森综合征，季一山花了3000多元买来了两大盒。

有一次，季一山回老家收水稻，突然接到老人电话，说自己被一辆车撞了，头上缝了好几针。季一山第二天就赶回了上海，看到头上缠着绷带的老人，他心疼得流下了眼泪。

只在电视剧中才看到的情节居然发生了！老人被车撞后，记忆竟然开始慢慢地恢复。有一次，他在马路上看到一辆大巴车，上面写有“海门”两字，他突然想起，自己的老家在海门，妹夫在海门市供电公司工作。季一山和老人通过“114”查到了海门供电公司的电话，转而联系上了老人的妹夫施振峰。

2014年7月19日下午5点多，失联16年的内兄居然打来电话，施振峰又是意外又是惊喜。他告诉人们，老人28年前就在上海做生意，16年前突然没了音讯，大家找了很多地方都没找到，几乎放弃了希望。接到电话的第二天中午，施振峰与老人的女儿施伟一起赶到上海，把施桂生老人接回了家。

“老人回家那天，他家里人打我电话，想与我见个面。我说下班时间太晚，让他们先把老人接回去，其实我是怕见到老人离开，自己受不了。”季一山说，“16年了，每天回家看到他好好的，心里就踏实。他联系上了家里人，我替他高兴，可也的确舍不得他走。”老人离开上海的那天晚上，季一山一宿没睡，他说心里空落落的，怎么也睡不着。

施桂生老人回家后经常打电话给季一山，有时俩人边聊边哭。8月3日，季一山从盐城回上海的路上，特意来到海门，看望了老人。

在海门的两天两夜，平时少言寡语的老人似乎有说不完的话，晚上还要求“儿子”季一山和他睡一个房间。施桂生的女儿施伟说：“季大哥救了父亲，我们全家人都感谢他，希望能跟季大哥以兄妹相称，今后我还要去上海、盐城看望大哥的家人。”施桂生老人的妹夫施振峰到上海接人的时候，这样对季一山说：“你这么好的人，如果不是共产党员，肯定就是当过兵的人。”他说得很正确，季一山曾是一名士兵，而且20多岁就入了党。时隔半年，施振峰谈起季一山，震撼和感动还是溢于言表：“我们要给季一山经济补偿，但被他拒绝了，他说这16年的感情根本不是金钱可以衡量的，从来没想到要补偿，只愿老人晚年过得幸福。”

季一山说：“照顾老人本就不求回报，16年来，老人跟着自己吃了不少苦，如今他回家了，唯一的心愿是老人能过上好日子。”

当问起为什么尽心尽力照顾着一个非亲非故的老人时，季一山这样解释：“当时收留老人的时候，我还真的没有多想，也没想到老人会住我这里这么久。后来时间长了，感觉已经像一家人一样了，更不能不管了。”追根溯源，我们只能说，对有的人来讲：善，就是一种习惯。

好人365 编辑感言

“老人跌倒了不敢扶”“送路边摔跤的老人去医院反遭家属讹诈”……如今的媒体上这样的新闻并不鲜见，以至于我们大多数人形成了这样的观念：不要多事，少惹麻烦，最多用公用电话打个“110”和“120”。但农民工季一山却用自己朴素的言行给我们上了生动的一课。善是一个家庭长期正能量的熏陶，是一种多年良性习惯的美好积淀。正是这样，季一山才会不计后果带回街头失忆的老人……转念一瞬间，正是平常养成的行为习惯，方可铸就刹那间的是非抉择，方可延续人世间的美德善举。（张慧磊）

好人365 网友点赞

北京网友：是一开始的怜悯，是相处之后的不舍，季一山的行为诠释了善——人间珍贵的好心；诠释了孝——老吾老，以及人之老。

撑起希望的女孩儿

年轻人永远怀着高飞的雄心，因此哪怕一丝一线的光明和希望也可以鼓舞他们走很远的路程。

——巴 金

穷人的孩子早当家。曾菲菲从10岁开始，不但要上学完成学业，还要干农活儿、洗衣做饭，照顾母亲、奶奶和年幼的弟弟妹妹。她用自己稚嫩的肩膀，支撑起一个已经风雨飘摇的家庭。

曾菲菲就读于江西省吉安市峡江县职业高中，很难想象这个19岁的女孩儿居然会干许多同龄男孩儿都不会干的农活儿：开荒、种地、打药、施肥……除此以外，她每天还要做饭、洗衣服、照顾奶奶、妈妈和弟弟妹妹，在同学的眼中，她是坚强和能干的代名词。

村民们都说，菲菲从小就乖巧懂事，6岁起，她就帮家里做农活儿。菲菲的母亲自幼就患有脑膜炎，思维意识常常混乱。菲菲有个能干的父亲，一人撑起了这个家，那时候，虽然日子过得不富裕，但一家五口也算是其乐融融。

说起父亲曾美兴，菲菲几度哽咽。患病前的父亲曾挑100多斤菜走路也不吃力，但自从得病后，动弹都很艰难。奶奶瞒着父亲向亲戚借了钱给他瞧病，但父亲始终不肯去，说要把钱存下来给小孩儿读书。奶奶只好骗父亲说，钱是姑姑出嫁时的彩礼钱，父亲才勉强去了医院。不到3个月，钱全部花光，父亲也撒手人寰，只留下一家老小。那一年，菲菲10岁。

父亲去世了，家里的顶梁柱倒塌了。作为长女的菲菲，曾想过辍学跟村里人外出打工，但对学习的渴望以及对家人的不舍，让她决定一边种菜，一边继续上学，靠自己的双手养活一家人。为了赚钱贴补家用，在奶奶的带领下，祖孙俩到处开荒种菜。如今，她家已有大大小小的菜地10多块，分布在村庄的每个角落，总面积近2亩。“这些菜地，都是她一锄头一锄头开出来的。”菲菲奶奶心疼地说，“她手上的血泡起了又破，破了又起，真难为了这孩子呀！冬天，双手生满了冻疮，她从没叫过一句疼；夏天，被太阳晒得脸上脱皮，也没有放下手中的锄头。”

在奶奶的指导下，菲菲学得一手种菜的本领，什么时节种什么菜，什么病害用什么药，她都能应付过来。花生、玉米、红薯、韭菜、辣椒、马铃薯、空心菜……这都是些比较简单好种的菜，每年收菜的时候，少的时候可卖一两千元，多的时候可卖3000多元，有时卖完了菜，菲菲就换点儿肉给弟弟妹妹们吃。菲菲说，一年到头家里很少吃肉，家中养了两只老母鸡下蛋，他们舍不得吃，要拿到市场上去换钱。

此外，菲菲还种了2亩水稻，浸谷就请亲戚帮忙，耕田就用自己的劳工与邻家换，抛秧、打药、施肥都是自己一人挑，每年的收成也够一家人的口粮。聊到种地，菲菲简直就是个经验丰富的“老农”，她高兴地说：“以前没钱买肥料，每亩地只能打几百斤谷子；为增产，我平时就多捡些家肥倒到地里，肥料下的合适时，每亩可打1000多斤粮食，2012年晚稻每亩就打了1200多斤……”

菲菲的家离学校不到500米，但上学时，菲菲每天早上4点多就要起床，先要和奶奶一起把菜担到菜市场。然后匆匆赶回家，为家人做好早餐，等家人吃完，她便带上弟弟妹妹赶到学校上课。中午、下午放学，她又是急匆匆地赶回家，除了做饭、照顾妈妈外，还要到菜地里整地、施肥，有时候还要把第二天要卖的菜采摘好、整理好。

忙完这些，菲菲才有时间来写作业，每天都要忙到深夜10点多。“除了上课，她在学校待的时间很少。”班主任周梅生说，“我们都知道，家里有太多的事情等着她去做。”菲菲的成绩在班上处于中上游，因为早起晚睡、收菜卖菜，上课时她常打瞌睡，但老师们都理解她：“孩子这么懂事，心疼还来不及，怎么忍心责备她呢？”

周末是菲菲最辛苦的时候，周五下午4点半放学，一到家就摘菜。一担菜足有30公斤，菲菲一肩挑起，从菜园到家20分钟的路程，菲菲已经累得满头大汗。到家后菲菲便开始洗菜、包菜。忙完，她又到另一个菜园割韭菜。之后，又到第三个菜园为毛豆苗除草……等回家时，天已经大黑，她又开始操持起一家人的晚饭。

周六凌晨3点半，菲菲便起床了，她先来到菜园里割空心菜，因为空心菜必须现割，隔夜会不新鲜。之后，她便要把昨天摘好的菜挑到菜市场去卖。中午11点，菜卖完，她便要赶回家，做午饭、洗衣服；午饭后，菲菲便和妹妹一起到村里的车间串灯泡赚钱。

周日又是如此……

菲菲说，每个礼拜都是这样过的。虽然每天忙碌不停，但在菲菲家那有着上百年时光的破旧的砖木房里，一张小圆桌、四条凳子、一个灶台，加上一些农具都被收拾得整洁有序。

在镇上的菜市场，菲菲有固定的半个摊位，那是好心的曾大妈让给她的。一个摊位一年要交600元钱，菲菲租不起，就趴在别人的摊位边上“蹭”。曾大妈见小女孩儿可怜，就把自己的摊位腾出一半给她用。菲菲是个懂得感恩的人，不忙的时候，便帮曾大妈做点儿事，剥豆子、择韭菜……久了，菜场的叔叔阿姨们渐渐喜欢上了这个瘦弱爱笑的女孩儿，大家经常把熟客介绍给她，好让她早点儿卖完菜回去。

种菜卖菜，都是辛苦的事情。最多的一天，卖了70元钱，这是菲菲最高兴的时候；最少的一天，只卖了1元。有时行情不好，她还要把菜挑到离镇上5公里外的县城去卖。就在那里，她结识了好心人吴伯伯。

2012年国庆节，吉安市峡江县政协副主席吴拥宪在菜市场买菜时，无意间知道了菲菲的事情，非常感动，当即塞给菲菲1000元钱，鼓励她好好学习。后来，吴伯伯还为菲菲送去学费和生活用品，并联系了当地企业家，对菲菲进行帮扶。

在菲菲家的床上，有民政部门送来的棉被；在菲菲家的灶台旁，有爱心人士送来的食用油……小爱汇大爱，让菲菲感动，也让菲菲自责。学校也曾组织同学为菲菲捐款，但都被她婉言谢绝了，她说：“很感谢大家对我的帮助，但我觉得吃低保不是光荣的事，我不想欠别人太多，我希望能成为一个自力更生的人。我一定会努力学习，努力照顾好家人，不辜负大家对我的帮助。”

菲菲的班主任周老师说，菲菲平时很节俭，从没见她买过一件新衣服，身上穿的都是别人送的。但每次学校组织向灾区捐款时，她都会踊跃参加，曾菲菲说：“别人捐的是父母的钱，我捐的是我自己挣的，虽然少，但这是我的心意。”

菲菲的奶奶今年已经80多岁了，每天还要帮着菲菲下地干活儿，菲菲现在最担忧的是自己毕业以后弟弟妹妹能否接过她的“扁担”，挑起家里的大梁。妹妹曾园园，今年16岁，因从小性格孤僻，中考压力大，再加上家庭环境差，于2014年3月患上了偏执性精神分裂症，在吉安市第三人民医院住了两个月后，虽然病情得到了控制，但现在每天都要吃药。菲菲说，她希望通过自己的努力能够让家人的生活得以改善，希望弟弟妹妹早日长大成人，分担家里的负担，奶奶能够享享清福，不再下地干活儿了。

在菲菲的身上，经历了太多常人所不知道的苦难，没有父亲强健的臂弯，没有母亲温暖的怀抱。多年来，曾菲菲几乎未曾感受过寻常家庭的欢乐，八旬的奶奶，残疾的妈妈，年幼的弟弟妹妹，身上的担子足以让一个成年男人喘不过气来，但苦难没有磨灭她的意志，反而激发了她对生活的热爱，对未来美好的追求。

好人365 编辑感言

“我想有个幸福的家，更想做个有知识的人。”为了心中的梦想，一个“90后”的小女孩儿，面对父亲去世、母亲残疾、奶奶年事已高、弟弟妹妹年幼的艰难现状，从10岁开始就选择了勇敢，选择了坚强，选择了乐观面对生活给予的一切。她一边种地卖菜养家糊口，一边照料家人坚持上学，用弱小的肩膀挑起重担，用顽强的意志撑起希望。对于这个“90后”女孩儿，我们心疼，我们感动，透过她清秀的脸庞，我们读出了她的坚强，更敬佩于她对家人的责任，感动于她对生活的感恩。她给在温室里长大的“90后”上了生动的一课——无论生活对你如何不公，也要勇敢地向前。（胡　杨）

好人365 网友点赞

云南网友：菲菲看似娇弱，却十分坚强。她用弱小的身躯，支撑起一个家庭的全部重量！向她学习！

家中『女汉子』

不论任何困难，都决不屈服。

——［法］居里夫人

丈夫病重后，李红英没有被困难吓倒，而是勇敢地撑起这个家，成为家庭中的“女汉子”。她保卫了自己的家庭，让爱与温情在家中延续。

“只要有我在，家就在。”面临困境，李红英不仅没有倒下，而且还用一颗感恩的心和坚韧不拔的毅力，挑起了家庭和工作两副重担。5年来，她不仅照顾瘫痪的丈夫，还创造了“五个没有”的工作成绩。她将平凡的工作做到了极致，用实际行动诠释了一名好妻子、好员工的奉献与担当。

2013年4月的一天，打开有些陈旧的房门，当李红英推着丈夫与女儿一起走进单位专门为他们腾出的“新家”时，这位以医院为“家”坚守了1000多天的柔弱女子潸然泪下。

李红英与丈夫秦志伟都是中国建设银行临汾市分行的职工。5年前他们的家还是一个温暖幸福、充满欢声笑语的小康家庭，然而一场突如其来的病灾改变了全家人的生活轨迹。2010年1月，李红英的丈夫突发脑溢血，颅内出血量多达80毫升，被紧急送往医院，尽管脱离了生命危险，却完全失去了行为能力。家里的顶梁柱塌了，李红英顿时感到天旋地转，生活的重担全部压在了她的肩上，她不得不经受来自精神、经济、家庭和工作上的严峻挑战。

身边开始有人劝她“各走各的路，要为以后打算”，李红英却眼含泪水坚定地说：“只要有我在，就不会放弃他。”简单的一句话，却包含万钧之力。

为了照顾丈夫，李红英把家搬到了医院，从此，她有了一张在别人眼中很难坚持下来的作息表：每天清晨5点30分，她要赶在清洁工打扫走廊前起床，洗漱、准备早餐；6点整，帮助丈夫清理大小便、洗漱、喂饭；6点30分，将丈夫搀扶到轮椅上，前往康复室；7点20分，在为丈夫绑好康复仪器，开始康复锻炼后，赶到单位，准时同大家一起上班。

李红英长年累月睡不上一个囫囵觉，把医院当成了“家”，除了工作，剩下的时间都在医院照顾丈夫。

丈夫住院和卧床期间，李红英日夜护理，为丈夫端屎端尿、擦脸、洗脚、翻身。为了让丈夫外出方便，她托人买了一辆双人电动车，每逢周末就骑着那辆电动车带丈夫去户外透气……长期的病痛折磨让丈夫的脾气变得越来越暴躁，李红英的对策是“退让顺从，笑脸相迎，从不生气，从不申辩”，她说：“他是病人，得多让着他点儿！”正是李红英无微不至的照顾，5年间，她3次将丈夫从死神手里抢了回来。她常常安慰丈夫：“不怕，有我在，家就在！”

然而，老天并没有眷顾这个不幸的家庭。2012年，李红英被检

查出患有乳腺疾病，医生建议她马上手术，但恰逢丈夫病危需要特别护理时期，自己手头的工作也不能耽搁。直到3个月后乳腺化脓，她才在大家的劝说下做了手术。

从2010年丈夫生病到今天，1800多个日日夜夜，一个弱女子，独自照料一个大男人，种种不便和辛苦可想而知。谈起这些，李红英只是简单地说，已经习惯了。丈夫和家庭都离不开她，很多时候只要丈夫的一个眼神、一个手势，她就能从中读懂很多很多。她像照顾孩子一样，教丈夫吃饭、说话、认字、蹒跚行走……“我对他有信心！我经常跟他说，你一定要努力，你看咱们这么多年过来，经历了多少事！你肯定能好起来。”李红英笑了，伴随笑容出现的还有脸上的皱纹。几年的辛劳，让45岁的她两鬓斑白。而她与丈夫相濡以沫，不离不弃，让人们看到了一份爱情绽放的光芒。

2012年，女儿考上大学，学费又成了这个家庭的沉重负担。床榻上的丈夫其他字都说不清楚，唯独不停地在嘴边重复着两个字——“死吧！”他甚至把药扔了，放弃治疗，见了女儿就哭个不停。

为了不增加家里负担，女儿哭着对妈妈说要放弃学业。李红英没有哭，她变卖了家中唯一的房子，耐心做着丈夫的思想工作，鼓励丈夫与病魔做斗争，鼓励女儿上学。她要用更浓烈、更持久的爱，陪伴他们走一条并不平坦的人生之路。

2014年年初，李红英起床添炉火时，忽然感到一阵眩晕，一头撞在墙上，整个人倒在地上。当医生问她头上这么大口子，为什么没有人陪她过来时，李红英说，当时真想找个地方痛痛快快地大哭一场。

同事看到她头上的纱布，问清楚原因之后，劝她回去休息，李红英却婉拒了大家的好意，笑着说："没事，我能行。"

1800多个日日夜夜，李红英承担着大山般的家庭重担，坚守着多年热爱的工作岗位。她从来没有想过要停下，也从来没有想过要放弃。对于丈夫和单位来说，她是一个好妻子、好员工，但是对于女儿，李红英却充满了愧疚。丈夫秦志伟发病时，女儿正在上高一，李红英为了照顾丈夫，将女儿独自撇在家里。"原来女儿成绩很好，后来慢慢就滑坡了。我没尽到做母亲的责任。"李红英说。

在女儿眼中，李红英是坚强的，甚至有些"铁石心肠"。女儿回忆说，由于在外面上学不太适应水土，一度身体不太舒服，在校医务室连输了7天液。李红英听说后打去电话说："我要照顾你爸，而且要忙工作，你要理解。"电话里，女儿早已泣不成声，而电话这头，李红英也强忍泪水。她说，其实非常心疼女儿，但没有办法，只能"铁石心肠"。如今女儿已上大三，也开始帮母亲照顾家了。"我能理解妈妈，妈妈太不容易了。"

如今，秦志伟的状况也有了明显好转，他可以自己吃饭，说简单的话语，甚至给李红英发短信。记者问他："你觉得自己的妻子好吗？"秦志伟对李红英竖起了大拇指。记者又问："你爱你的妻子吗？"秦志伟嘴里努力迸出了一个字："爱！"

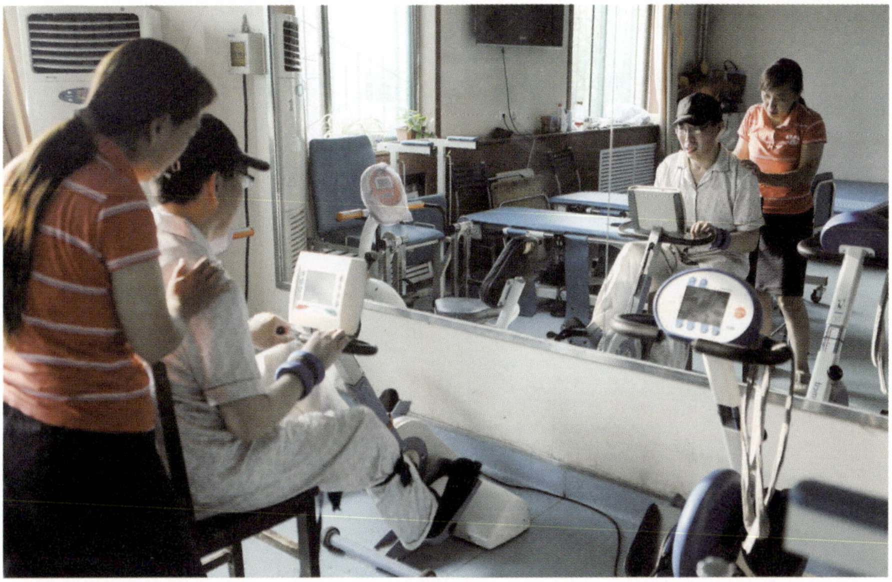

“我有信心！”李红英流着泪，声音却坚强而乐观，“丈夫在，女儿在，我在，才是一个完整的家。”

当家庭的负担、生活的不幸像大山一般向李红英压下来的时候，她工作毫不松懈。很多同事说，5年来，李红英从未迟到早退过一次。每天早晨7点35分，在建行小院里，总能看到她那辆电动车；每天下班，她离开得最晚。

丈夫患病的5年间，李红英工作上更是从未有过一次差错，从未被一个客户投诉。这其实很难做到。记者在采访中就看到，李红英的工作琐碎繁杂，需要不厌其烦地回答客户咨询、与部门反复沟通，但李红英始终很耐心、认真地对待每一个客户。“对待客户，分内的事我们要管，分外的事我们也要帮。”这是李红英的口头禅。她是这样说的，也是这样做的。她曾为了客户10元5角的费用，加班加点帮客户纠正过来；她曾经查看过3个多小时的监控，帮老大娘挽回了10万元的诈骗损失……

李红英以一颗感恩的心，凭借坚韧不拔的毅力，创造了没有过迟到、没有过早退、没有过差错、没有过投诉、没有向组织伸过手“五个没有”的工作业绩，将平凡的工作做到了极致。不管是工作的27年里，还是丈夫患病的5年间；无论是在医院的“家”里，还是服务岗位上，李红英都是尽心尽力，在平凡的岗位上，将责任心、使命感化作坚守的动力。她安静地承受着命运带给她的一切，肩负起自己应该肩负的每一份责任，重复着这种看似简单的不简单、看似平凡的不平凡。

同事们都说：“红英太不容易了，咱们更要好好活着，好好干！”中国建设银行的领导赞扬她的精神：“虽无惊人伟业，看似事迹平平，但承载的分量和持之以恒的工作业绩，不仅阐释了爱岗敬业的真谛，更是践行社会主义核心价值观的生动写照。”

好人365 编辑感言

“当代国人的故事，蕴含着时代精神；普通人的追求，凝聚着家国梦的力量。”这是中央电视台新闻联播《行进中国·精彩故事》开栏中的话，而李红英的故事正是这样一个身边的故事、一个普通人

“追求”的故事。

面对家庭的负担、生活的不幸，李红英没有退缩、没有逃避。在她身上，我们看到了一个自尊自爱、自立自强的女性，对生活的热爱、对生命的执着、对人间真情的追求；看到了一个普通工作者，在平凡岗位上恪尽职守、战胜困难、呕心沥血的不懈追求。如何处理小家与大家、生活与工作、个人与集体的关系？或许，可以向李红英学一学，学学她面对困难不惧怕的胆魄，学学她生活中永远乐观的情怀，学学她爱岗敬业、一贯坚持的执着，学学她用心服务不怕烦的态度。（张青玲）

好人365 网友点赞

湖南网友：平淡的爱情，真实的生活，坚持就会胜利。祝李红英一家幸福！

浙江网友：这个故事告诉我们：生活之甜，源于梦想，源于感恩；生活之苦，源于绝望，源于懈怠。

真爱唤醒『失忆妻』

有了爱，便有了一切。

——冰　心

因投资失败，邬引军被岳父“棒打鸳鸯”，与妻子协议离婚。但在前妻家连遭变故的时候，他毅然站出来勇挑重担。三张病榻、一身债务，邬引军无怨无悔；一颗孝心，一副铁肩，邬引军力挽狂澜，最终破镜重圆成就“最美家庭”！

2006年，是上海市奉贤区庄行镇居民邬引军与妻子孙连英结婚的第12个年头，夫妻感情很好，还在上海市奉贤区南桥镇上买了商品房，一家人高高兴兴地憧憬着未来。然而就在这一年，邬引军几乎遭遇了一场人生的灭顶之灾。邬引军开办的小加工厂刚刚起步，由于生意伙伴的欺骗，他背上了100多万的债务，唯有卖了自家的商品房才能偿还巨债。邬引军征求家人意见，妻子孙连英很难接受卖房还债，岳父也放出狠话，要是邬引军敢卖房，就让女儿离婚。

公司破产、身背巨债，邬引军只能去开单班出租车，为了多跑点儿生意，连睡觉也在车里。即便如此，短期内还是无法凑齐欠款，这时，债主纷纷上门逼债，甚至隔三岔五赶到妻子孙连英的单位去闹。为了尽快还清欠款，也为了保护妻子，邬引军最终还是卖掉了房产。岳父一怒之下用卡车拉走了当时给女儿的全部嫁妆。同时，迫于老父的压力，妻子孙连英也含泪向邬引军提出了协议离婚。

离婚时妻子没有提任何要求，邬引军也能看出她心中的纠结与不舍，但为了让妻子不再受到债主的骚扰，也为了平息岳父的愤怒，他还是在离婚协议书上签了字，离开了曾经的家。

离婚后的邬引军没日没夜地赚钱还债，很快就还清了大部分欠款，而此时他心里最放不下的还是前妻，他一直希望能和孙连英破镜重圆，无奈前岳父仍对他心存芥蒂，坚决不同意他的复婚要求。

时间过了两年，邬引军偶然得知，前岳母被确诊患上了白血病，正在四处求医问药。邬引军听到这个消息后首先想起了前岳母对自己的好，她一直把自己当作亲儿子一样，即便在自己最艰难的时候，她也从来没有过多责怪过自己，并且始终不同意女儿和自己离婚。邬引军决定这个时候一定要帮一把。

前岳母在上海市区看病，开出租车的邬引军自告奋勇地提出接送；白血病治疗费用不菲，一针就要1500元，前妻家里不富裕，邬引军就自己出钱贴补；平时前妻没空，邬引军就到医院病床前照顾老人。一段时间后，邬引军的诚意打动了前妻一家，对他的态度也有所好转，但前岳父依然没有彻底原谅他。

在病床前，前岳母对邬引军说："不要和你的丈人一般见识，他脾气差，但人不坏，只要你现在好好表现，事情肯定会有转机的。"当时邬引军没有想到，这一天在短短两年后就来到了，只是代价太过沉重了。

2011年，邬引军的前岳父被查出肠癌晚期。屋漏偏逢连夜雨，紧接着，一个更大的不幸几乎将这个家庭彻底摧毁。

2011年12月25日深夜，邬引军突然接到了交警打来的电话，说他的妻子被车撞成重伤，生命垂危正在抢救。邬引军赶到医院才知道，孙连英因为照顾两个老人严重缺乏休息，浑浑噩噩地骑车下班，结果被一辆客车撞倒。肇事车司机报警后就逃离了现场，民警把孙连英送到医院后查看她的手机，在通讯录中找到了写着"老公"的号码，才联系到了他。

这时，邬引军接到了前岳父的电话。老人老泪纵横，哭着求他救救自己的女儿，邬引军在电话里立刻表态：“肯定救，倾家荡产要救，借钱也要救。”

经过抢救，孙连英总算暂时脱离了生命危险，但一直处于昏迷状态。医生告诉邬引军，孙连英很可能从此就变成植物人了，即使出现奇迹能苏醒也会落下残疾。邬引军此时并没有心思考虑太远的事情，因为还有三个老人需要他照顾——除了前岳父、岳母外，他自己的母亲也在前不久刚刚动完了乳腺癌手术。

之后的30天，是邬引军一生中最漫长的一个月。他辞掉了出租车司机的工作，一天跑三家医院照顾前妻和前岳父、岳母，并且四处借钱筹集医疗费。邬引军的父亲原本对孙连英一家非常不满，觉得他们不该在儿子困难时落井下石，但在这紧要关头，深明大义的老父亲也放下了那些恩怨，让儿子尽力去帮，那个月光医疗费就用掉了邬引军27万元。

这个时候的邬引军成了孙连英一家三口唯一的指望：买菜、做饭、端药、护理、复诊……邬引军既需要照顾身患绝症的两位老人，又要护理失忆的前妻，自己还得想办法筹钱、找工作，那段日子真是过得不堪回首。

孙连英家所在西校村村民们得知了孙连英一家的遭遇都十分同情，同时也被邬引军这位“离婚女婿”的情义和孝心所感动。村党支部多次上门慰问，送上补助金，还帮助孙家办理了大病统筹补贴。村里党员纷纷上门募捐，许多素不相识的村民都伸出援手。邬引军也重新找了份快递员的工作。

在郐引军的精心照顾下，孙连英的病情有所好转。有一天，郐引军突然发现孙连英直勾勾地盯着他看，一直在流眼泪。孙连英那时还不能说话，但郐引军能感觉到，前妻的眼神和之前不一样了。就这样，郐引军成了孙连英恢复记忆后认出的第一个人，而且在很长一段时间里，他也是孙连英唯一能认出的人。一个原本支离破碎、困难重重的家庭，终于在郐引军这个“离婚女婿”的全力维持下坚持了下来。

2012年后，孙连英的母亲、父亲相继离世，临终前他们把女儿托付给了郐引军，前岳父更是对自己当年逼女儿离婚的行为后悔不已，他拉着郐引军的手希望能得到他的谅解，老人由衷地对郐引军说：“你这个‘离婚女婿’现在是我们家的顶梁柱啊！”

虽然孙连英恢复了记忆，但大脑中的血块依然对她造成了严重的

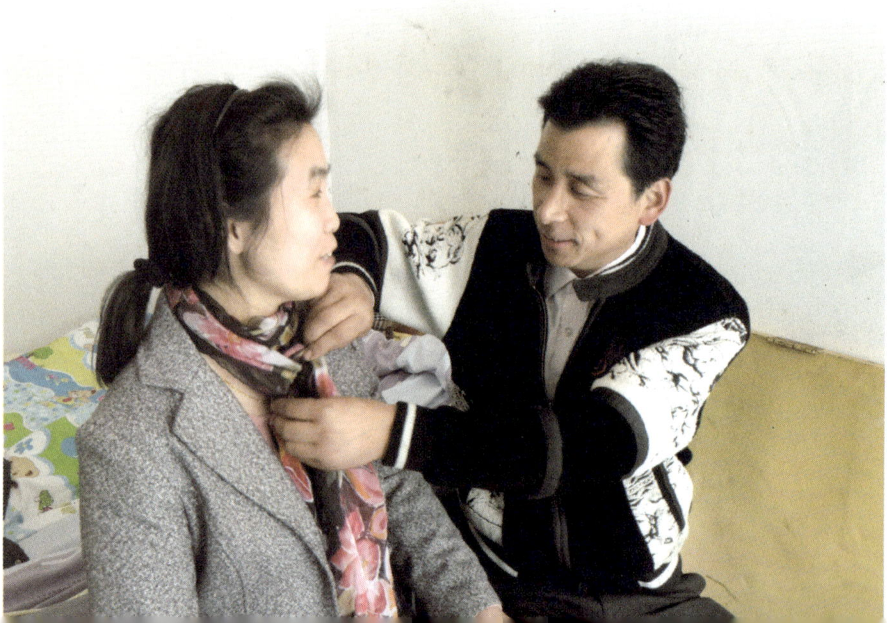

影响，她的智力与行动能力都大不如前，经过鉴定属于二级重残，失去了劳动能力。而这个时候，与孙连英复婚却被提上了日程。邬引军没有想到的是，最支持他们复婚的，竟然是自己之前与亲家关系并不好的父母。邬引军的父亲对他说：“在这个时候，你一定不能抛弃小孙，作为一个男人，你要担起责任。”

2013年7月6日，邬引军搀扶着一瘸一拐的前妻走进了民政局，在离婚8年后他们办理了复婚手续，饱尝辛酸的两个人终于破镜重圆。这场婚礼没有仪式，也没有喜宴，只有一张时隔8年重拍的结婚照。岁月改变了邬引军和孙连英的容颜，但照片中两人眼中的幸福却丝毫没变。

邬引军这个挑起前妻一家生活重担的“离婚女婿”的故事经过媒体广泛传播之后，感动了无数人。2014年9月，邬引军入选第四届“光荣与力量——感动上海年度十大人物”，在揭晓活动上，给邬引军颁奖的正是他的妻子孙连英。她走上舞台时，邬引军不时地提醒她“当心脚下滑”。孙连英笑着将一束鲜花送到丈夫手中，之后，她拥抱丈夫。这是生活给历尽风霜的邬引军最好的回报！

2014年中秋前夕，上海市奉贤区会议中心礼堂首演了以邬引军为原型的大型原创沪剧《风雨同舟》，引起了强烈的反响。2015年5月，邬引军家庭入选了全国“最美家庭”，属于他的家庭动人故事也将感动传递给了更多的人。

编辑感言

不幸，就像一道闪电，可以撕裂天空，但也能照耀大地。邬引军以自己并不宽厚的肩膀，扛起了本不属于他的责任。这个普通的上海男人，像一匹老马，没有驰骋千里，却一步一步抵达了善良的峰顶。就像他自己说的那样，在背着100多万债务后选择卖房抵债，是因为“人无信不立”；在前妻家连遭变故时站出来勇挑重担，是因为“情义无价宝，家和万事兴”。邬引军说：“只要不放弃希望，相信一切都会逐渐好转。能和家人在一起，再苦再累也幸福。”（桑小婷）

网友点赞

安徽网友：最美家庭，同舟共济。邬引军用行动演绎了人间的真情挚爱！

宁夏网友：是什么力量让他撑起前妻的家？是什么信念让他坚持了这么多年？是爱的力量！

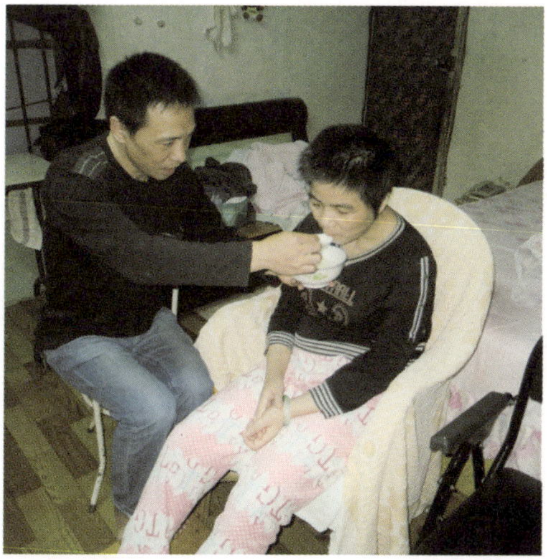

患难与共的好丈夫

愿得一心人，白头不相离。

——卓文君

几年前，高孟榕的妻子金云莺患病后失忆、失语、失智，生活不能自理。但幸运的是，丈夫高孟榕不离不弃，悉心照顾。白天他守在妻子身边，夜晚出去打零工，即便自己再苦再累，也要让病妻活得舒适。

金云莺今年45岁了，发病前是个极温顺的女人。高孟榕今年47岁了，在妻子金云莺生病前他是个出租车司机，常年在外奔波，几乎没干过家务。而这一切都在5年前变了。

2009年下半年，高孟榕发现妻子有时花200元只买回来几把青菜。一个多月后，他便偷偷跟在妻子后面，发现妻子付钱后，总忘记拿菜。而在日常的生活中，妻子也总是丢三落四。

到了2010年，金云莺突然走丢了。全家人出动，找了好几个小时，才发现她在离家不远的马路上团团转。金云莺见到丈夫，抱着他大哭："我找不到回家的路了。"

高孟榕意识到妻子病情严重，就带她去看医生。他们跑了福州好几家大医院，做了所有能做的检查，但没人能确诊金云莺得的是什么病，觉得最大可能是阿尔茨海默病（俗称老年性痴呆），但这种病多见于65岁以上的老人，而当时金云莺才41岁。医生让他们去北京、上海的医院再查一查，认为这可能是一种遗传病。金云莺的母亲53岁时也出现过类似的症状，一年多后去世，而金云莺的弟弟后来也出现了此症状。

金云莺："万一我傻了，你怎么对我？"

高孟榕："我就算在外面当乞丐，也会含口饭回来喂你！"

金云莺："那我下辈子还嫁给你！"

高孟榕："那我下辈子一定再娶你！"

金云莺意识到自己会失忆时，与丈夫有过上面这样一段对话。之后不久，她开始忘记以前的事、身边的人，就连自己的双胞胎儿子跟她打招呼，她都视若无睹。但她依旧记得自己的丈夫，十分依赖他。

2011年5月，高孟榕带金云莺去喝喜酒。当时她已经无法正常交流。席间，当时还是出租车司机的高孟榕送儿子们去上课，金云莺的眼泪顺着脸颊一直流，直到高孟榕回来，她才止住泪。高孟榕知道妻子是害怕一个人待着，于是辞去工作，在家全天照顾她。

又过了两个月，金云莺连丈夫也彻底忘记了。她不哭不闹，也不会讲话，每天醒着的时候都是笑着摇头，如钟摆一般。

“不到两年，一个能干的主妇变得生活不能自理，病情发展得太快。”高孟榕说，妻子脑萎缩很严重，医生说像她这种情况很少见。

妻子生病后，他就改叫妻子“美女”，不管她能不能听懂，女人听到别人叫自己美女，总是比较高兴吧。

“如今除了笑声，妻子什么声音也发不了。”高孟榕说，“我想这是她和世界沟通的唯一声音，我只要每天在她面前笑，每天逗她笑，也许哪一天，她突然好起来，还会记得我们开心地度过了这段最难的日子。”

下午4点，是金云莺的锻炼时间。高孟榕扶着妻子，一会儿拍拍她的左腿，一会儿拍拍她的右腿，指挥她迈步走路。“我要让她保持一定的运动量，不然身体更僵硬。”高孟榕说。他带妻子去看病时，医生都很诧异，一个自己站不起来的病人，居然还可以迈步走。

在高孟榕的护理下，妻子面色红润，皮肤光滑如婴儿，也没有生褥疮。

“大家都说她傻了，可在我眼里，她就是一个长不大的孩子。”高孟榕说。他还是幻想着，有一天妻子能清醒过来，还记得他。

高孟榕说，妻子已经无法自主大小便了。他每隔两小时，就把她扶坐在便盆上，让她小便。

每天晚上，高孟榕照顾妻子睡下后再去打零工补贴家用，收工回到家的时候已经是凌晨4点了。长期的睡眠不足加上过度的辛苦，让高孟榕一沾床就睡着了。但就是睡着了，他也会习惯性地每两个小时醒来一次，帮老婆把尿。

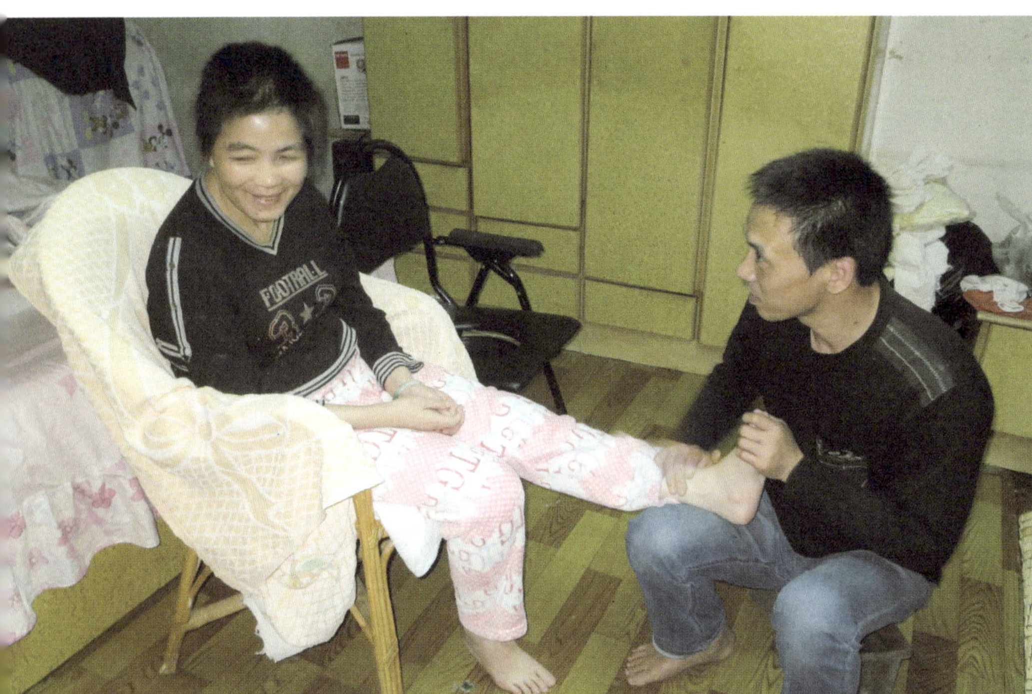

一天，高孟榕半夜醒来把老婆扶到坐便椅上，当时可能太困了，就想在床上躺一下，结果睡着了，老婆被他晾在了坐便椅上。直到几个小时后，他被“扑通”一声的巨大声响惊醒，才发现老婆摔倒在地，便盆里的屎尿洒了一地。高孟榕很内疚，赶紧给老婆擦身、做卫生，花了三四个小时才收拾好。5年来，这样的情况只发生过两次。有人劝他给妻子插导尿管，他觉得妻子会不舒服，还是坚持每天把尿。

谈及对新一年的期盼，高孟榕说现在就想尽自己的最大努力多打点儿工攒点儿钱，悉心照顾好妻子，带她去北京上海治病，尽早恢复健康，将来能和双胞胎儿子一起共享天伦之乐。高孟榕说，他如今还一直带着妻子看病，白天要在家照顾妻子，只能等妻子晚上睡熟后，再去外面打点儿零工。家中还有患癌症的老母亲和上大学的双胞胎儿子，生活再难，他都毫无怨言地扛在肩上。

好人365 编辑感言

什么是爱？高孟榕用自己的消瘦憔悴换来妻子的面色红润；用自己每晚两个小时一醒换来妻子甜美的梦；用自己独自一人承受生活的压力与痛楚换来失忆妻子的笑口常开。这就是爱，又超越了爱。“橡皮擦”拭去了金云莺脑中的记忆，但拭不掉孟榕对妻子不离不弃、生死相依的情义。（杨学静）

好人365 网友点赞

福建网友：妻子失忆，丈夫不离不弃，这是爱情故事在人间的真实演绎，但愿两人共同战胜病魔，白头偕老！

湖南网友：执子之手，与子偕老。高孟榕是我们的榜样！

浙江网友：他们的爱情让我很感动。在当今社会，太需要这样的楷模夫妻了。

写邮件　草稿箱　已发送

收件人　haoren365@wenming.cn

主　题　心语

正　文

发　送

中国文明网
www.wenming.cn

背父打工的好女儿

在人生的道路上，谁都会遇到困难和挫折，就看你能不能战胜它。战胜了，你就是英雄，就是生活的强者。

——张海迪

花季女孩儿陈玉洁，从12岁起，便只身一人挣钱养家，背父打工，悉心照顾瘫痪的父亲。她以娇弱的身躯承担起家庭的重担，承载起父亲的希望。

陈玉洁是重庆市忠县黄金镇樟木村5组人。她的父亲陈益春1984年应征到新疆某部队当兵，曾荣获过“优秀义务兵”称号，并连续三年获得部队嘉奖，1990年复员回家。1991年，陈玉洁降生到这个幸福的家庭。然而，天有不测风云，1997年的大年三十，一场突如其来的车祸致使陈益春脊柱神经断裂，身体自肚脐以下瘫痪，从此再也无法站立。那一年，陈玉洁6岁。

陈益春瘫痪后，家中失去了顶梁柱。因为肇事司机逃逸，陈家没能拿到一分钱的补偿，反倒因为治病欠下债款4万多元。农活儿、孩子上学、照顾瘫痪的丈夫……所有的重担都压在了妻子周汉群肩上。起初几年，周汉群都咬牙挺过来了，然而，周而复始、遥遥无期的沉重压力，让周汉群对未来深感绝望。2003年8月，周汉群离开人世。那一年，陈玉洁刚满12岁。

母亲的离世，把一个穷苦潦倒的家留给了年仅12岁的小玉洁。母亲生前种下的稻谷还没有收割，家里的米缸却早已空无一粒。村支书挨家挨户筹集，凑得200多元，才安葬了玉洁的母亲。望着连一包盐都买不起的家，望着在病床上痛不欲生的父亲，陈玉洁懂事地擦干眼泪，拿起母亲丢下的扁担，挑起了照顾父亲、借粮度日、种田养家的重担。

刚上六年级的小玉洁，早上5点起床煮饭，给父亲洗漱、喂饭，然后喂猪。7点钟以后上学，中午学校休息时间是2个小时。小玉洁利用这个休息的空当跑回家给父亲倒尿，喂药促其排便，收拾妥当之后又跑到学校上课。下午放学后她立马跑回家，先看看父亲有什么吩咐，然后到地里干农活儿，打猪草。晚上，她给父亲洗澡、换药（臀部上的褥疮）、洗衣服，吃了晚饭后做作业，当天的琐碎事务做完后已经是深夜12点。

在亲戚们的“鼓动”下，2007年10月，陈玉洁来到了离家不太远的忠县县城。她想，在这里她可以挣钱，还能趁月末回一次家，给家里买米买油，替换86岁的奶奶照顾父亲。然而，这个没有任何技术、没有经过任何装扮修饰的16岁女孩儿在城里求职时四处碰壁。家里的一切开销，还等着玉洁拿钱回去，久久找不到工作的陈玉洁有些心灰意冷。正在她准备打道回府的时候，一家茶楼急招清洁工，以月工资300元的待遇录用了她。陈玉洁以她的勤劳很快赢得了老板的认可，每天六个小时的工作时间也让她对未来有了新的打算。

陈玉洁决定利用休息时间参加电脑培训班，希望学得一技之长，能找到一份工资更高的工作。于是，陈玉洁便每天奔走在上班与学习的路上。别人一天所学的东西，她只有4个小时的时间用来消化。半年后，当学习结束时，随之而来的是老板对她的解雇。

正在她举步维艰、迷茫无助之时，之前求职过的忠县兆吉彩印有限责任公司因为人手紧缺，暂时录用了她。虽然月工资依然只有300元，但陈玉洁却倍加珍惜，总算是“专业”对口了。毫无实战经验的她，工作之余总是跑去向相邻广告公司的同行学习请教。陈玉洁用她的勤奋好学、吃苦踏实为自己赢得了一份喜欢的工作。考虑到年迈的奶奶，陈玉洁每月都要走几十里山路回一趟家，把父亲和奶奶一个月所用的东西备齐。此时的她尽管辛苦劳累，但心里却是快乐的。

2009年，玉洁的小姨心疼她，担心她不堪生活的重负重走她母亲的老路，想逼着陈玉洁丢下父亲到重庆打工。

备受煎熬的陈玉洁内心反复挣扎：爸爸就只有我一个女儿，妈妈不在了，他只有我，我不能丢下他！思父心切的陈玉洁，最终还是偷偷跑回了忠县。

回到家中的陈玉洁犯难了，奶奶已没有能力照顾父亲，只有她，怎么办？之前做工的那家老板告诉她，可以把她的父亲带到城里，边打工，边照顾。

在老板的帮助下，几经周折，陈玉洁在城里租到了一间僻远的没有租出去的门面房当作居所。这样，陈玉洁开始了边上班边照顾父亲的艰难生活。

公司老板常常开玩笑说："陈玉洁上班不准时，下班必须准时。"其实，老板知道，手脚麻利的她，上班期间，一定会把自己应做的工作全部做好。在公司，陈玉洁是个不折不扣的好员工，回到家，陈玉洁更是一个难得的孝顺女儿。

每天凌晨6点，陈玉洁准时起床，给父亲按摩手臂肩膀、擦背，并利用间隙煮饭，喂给父亲吃，8点准时上班。中午，其他工友可以休息一下，但陈玉洁却得赶回去帮父亲排便。下午6点，下班的陈玉洁马上给父亲洗澡、擦背。然后将父亲从床上背到轮椅上，让父亲可以在房间里"走"动"走"动。7点多陈玉洁开始做晚饭，9点多陈玉洁又将父亲背到床上。接下来是洗父亲的内衣内裤。日复一日，每天忙到很晚，陈玉洁才可以上床休息。

然而，屋漏偏逢连阴雨。2012年7月，陈益春被查出患了糖尿病，本就拮据的家，又多了一笔打胰岛素的开支。肠胃萎缩导致陈益春吃不下饭，看着气色一天不如一天的父亲，陈玉洁焦急万分，并不顾父亲反对坚持把父亲先后送到忠县人民医院、忠县中医院医治。住院的费用，合作医疗、低收入保障政策会报销一部分，剩下的全是陈玉洁支付。陈玉洁每月工资1500元，除去两人生活开支300元、房租330元，剩下的全用于父亲的医药费。为了节约护理费，陈玉洁每天自己给父亲注射胰岛素，给父亲测血糖。

20多岁正是女孩子爱美的年龄，而陈玉洁却很少为自己打扮，她的衣服大多来自于好心人的捐赠。这个年龄的女孩子，大多数已开始享受爱情的甜蜜，但陈玉洁至今都没有谈过一次恋爱。她说："我每天都两点一线，根本没时间去接触其他人，再说我现在这个状况，

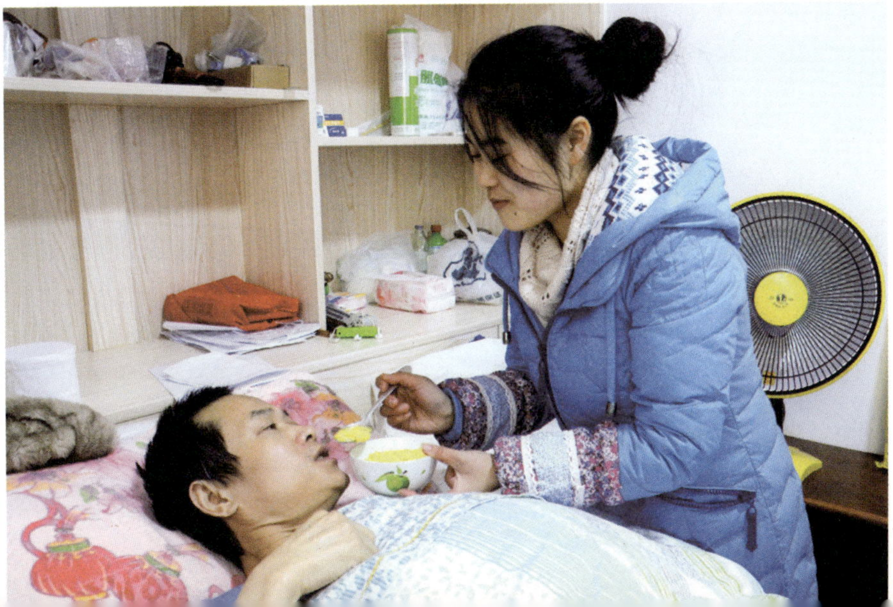

也不好拖累他人。”其实，通过好心人的介绍，陈玉洁也相过几次亲，但每一次都因为父亲的缘故而没有了下文。说到对自己未来另一半的期盼时，陈玉洁害羞但很果断地说：“要有孝心，心地善良。”

随着孝顺女陈玉洁的事迹广泛传播，全国各地爱心人士通过多种方式给陈玉洁一家捐款捐物。截至2013年11月，陈玉洁收到了衣服、药物、医用床、电脑等各类爱心物品，并获赠爱心款近4万元。县里还为其配置了一套两室一厅的廉租房；忠县残联也在第一时间为其送去了慰问金；重庆的爱心市民专程坐车到忠县看望陈玉洁一家，为其送去2000元；忠县一名建筑工人也解囊相助，为其捐助2000元……社会各界好心人的关怀越来越多，这也缓解了陈玉洁家庭的困难。

“今天，我终于圆梦了。我和爸爸有了一个属于自己的家……”2014年1月12日，原本住在出租房内的陈玉洁与父亲顺利搬进了新家。她说，2014年可以开开心心地过一个春节了。陈玉洁的新家位于新华支路，两室一厅，44平方米，有客厅、厨房等。“没想到，我还能住进这样漂亮的房子，这是我这辈子住过的最好的房子。感谢县残联、忠州镇、黄金镇拿出22000块钱帮我装修，感谢好心人的帮助。”陈玉洁的父亲感激地说。

2014年7月，陈玉洁的父亲离世。父亲离世后，陈玉洁主动联系忠县残联理事长胡显权，说父亲生前得到社会的不少帮助，好心人以前捐助的医用床现在用不上了，但还有很多人需要，希望能为它找到“下家”。

编辑感言

“好女儿”陈玉洁十余年“背父打工”，除了无微不至照顾父亲的身体，还让父亲每一天都“开心地活着”。

子女是父母手心里的宝。当父母青春不再，双鬓斑白，子女又该怎么做呢？我们也许不需要背起父母上学、打工，不需要一个人撑起一个家，却可以常打个电话，常提醒父母加衣，少给父母甩脸子发脾气，多一些耐心细心。给父母多一次拥抱，陪他们一起泡脚，给他们拍团圆照，带他们去旅行，陪他们谈心……“孝”可以论得海阔天空，却需落脚在点滴付出。（文聿明）

网友点赞

安徽网友：“孝”其实很容易，只需要多一些耐心和细心，常回家看看！

陕西网友：其情之纯真，爱之真切，已然不仅是孝道和感恩，更是升华成了人间大爱。

后记

HOUJI

2014年9月5日，中国文明网结合开展多年的“我推荐我评议身边好人”活动，推出了《好人365》专栏，每天讲述一个中国好人的精彩故事，大力倡导新时代好人精神，弘扬真善美，传递向上向善的正能量。一年多来，专栏聚焦群众身边的凡人善举、平民英雄，上演了500多集的“好人连续剧”，每天源源不断地给网民提供精神大餐。这些好老师、好医生、好护士、好党员、好干部、好司机、好警察、好军人、好工人、好妈妈、好儿女、好邻居，都是我们身边的普通人，生活中也是一样的有爱有恨、有喜有怨，但他们身上所体现的善良人性、大爱情怀和高尚精神，无不令人感动、令人敬佩。他们与时代楷模、道德模范、最美人物一起，构成了当今中国最亮丽的风景，让人们看到了社会道德风尚的主流，引导和激励越来越多的人把榜样力量转化为行动实践，自觉地学习好人、宣传好人、争做好人，产生了广泛的社会影响和积极的教育效果。

为进一步推动社会主义核心价值观宣传教育在广大青少年朋友中深入开展，引导孩子们树立远大的人生志向和正确的价值观念，我们从《好人365》专栏中精选了148个网友点击浏览量较高的故事，汇编了“好人365故事”（青少版）。全套书包括《助人为乐》《见义勇为》《诚实守信》《敬业奉献》《孝老爱亲》五本。每个人物故事均按名人名言、故事引子、好人故事、编辑感言、网友点赞等几部分编写，并配上照片，主要通过讲故事的形式，来展现身边好人的感人事迹和高尚精神。可以说，这148个故事，既是一部中国好人传，也是一部平民英雄谱，更是一部人生励志书。

希望这套故事书对引导青少年学会做人、学会做一个好人是开卷有益的，能够帮助他们从道德模范和身边好人身上学会做人的准则，扣好人生第一粒扣子，学习和传承中华民族传统美德，学习和弘扬社会主义新风尚，热爱生活，懂得感恩，与人为善，明礼诚信，从自己做起，从点滴小事做起，从现在做起，争当学习和践行社会主义核心价值观的小模范。也希望更多人能从这些故事中汲取精神营养、感悟道德魅力、明确人生方向，积极践行好人精神，大力培育和践行社会主义核心价值观，在全社会形成崇德向善、见贤思齐、德行天下的浓厚氛围，更好地构筑中国精神、中国价值、中国力量，不断凝聚起实现中华民族伟大复兴中国梦的强大力量。

在本套书的编辑过程中，得到了各级领导的高度重视和大力支持。中宣部常务副部长、中央文明办主任黄坤明同志担任编委会主任，并亲自审定编写方案。中央文明办专职副主任夏伟东同志担任编委会副主任。各省（区、市）和新疆生产建设兵团文明办主任担任编委会成员，各地文明网积极参与、提供了大量资料素材。中国文明网承担了本套书的牵头组织协调工作。河北省文明办对本套书的编辑出版给予了大力支持。卢勤、孙宏艳、彭怀祖、鞠萍、薛贤荣等专家学者、社会知名人士为本套书精心撰写了导读文章，第五届全国道德模范张宝、金汉、官东、刘萌刚、宁宏昌亲切寄语广大青少年。在此一并表示衷心感谢！

编　者

2015年12月